生活馆

好孩子如何养成

让孩子
充满创造力

宋璐璐 ◎编著

郑州大学出版社
郑州

图书在版编目(CIP)数据

让孩子充满创造力/宋璐璐编著 . —郑州:郑州大学出版社,
2014.1

（好孩子如何养成）

ISBN 978-7-5645-1564-5

Ⅰ.①让… Ⅱ.①宋… Ⅲ.①儿童-创造能力-能力培养
Ⅳ.①G610

中国版本图书馆 CIP 数据核字（2013）第 199030 号

郑州大学出版社出版发行

郑州市大学路 40 号　　　　　　　　邮政编码:450052

出版人:王　锋　　　　　　　　　　发行部电话:0371-66658405

全国新华书店经销

河南省诚丰印刷有限公司印制

开本:710 mm×1 010 mm　1/16

印张:11.5

字数:164 千字

版次:2014 年 1 月第 1 版　　　　　　印次:2014 年 1 月第 1 次印刷

书号:ISBN 978-7-5645-1564-5　　　定价:28.00 元

本书如有印装质量问题,请向本社调换

内容简介

　　陶行知说:"处处是创造之地,天天是创造之时,人人是创造之人。"创造力是每个孩子天生就具备的一种能力。这种能力是知识、眼界、智力、能力及个性品质的综合优化产物,创造力一旦被挖掘、被激发,将伴随人的一生,且一定会对日后的成功起到事半功倍的效果。所以,培养、激发孩子的创造力,必须从现在开始!

　　本书深入剖析了孩子创造力培养的精髓,从家庭氛围、动手能力、想象力、好奇心、注意力、观察力、思维能力、自信心等几方面入手,帮家长和孩子找到最有效、最实用的激发创造力的方法,并就家长在培养孩子创造力过程中常遇到的问题进行解答,可以说本书是培养孩子创造力必备的实用培训读本。

序 言

创造力，小天才不能缺少的能力

每个宝宝都是一个小天才，每个宝宝都具备非凡的创造力潜能。爸爸妈妈正确的启发、引导将给宝宝的创造力发展带来无限可能。

每个人都要感谢创造力，因为我们身上穿的衣服、使用的电器、阅读的书籍……都来自于创造力。让宝宝拥有较强的创造力才能创造更好的明天。

创造力并不是天才宝宝的专属，是每个宝宝都能拥有的潜能。爸爸妈妈总是低估孩子的创造能力，或者因为过度地保护和太多地介入，影响孩子的创造热情。

爸爸妈妈总是容易把创造力限定在创作艺术作品、音乐作品的艺术能力上。实际上创造力是人类思考并做出反应的过程，是把想象变成现实的一种能力，也是用独特的方式来改造世界的一种能力。创造力是宝宝学习的动力，是宝宝重要的潜能之一。

在宝宝的成长过程中需要很多能力，比如：应付变化、处理突发事件；把知识运用到新的情境中去；更灵活地思考；使用各种材料；整合先前无关联的信息；用新方式运用旧信息；调整和控制自己的世界；与人沟通、交流、合作。宝宝的创造力是上述这些能力的基础。

拥有较强创造力的宝宝，一定与众不同、敢于冒险、富有创新精神，并且能够创造性地迎接挑战。创造力主要可以分为三个方面：二维三维创造力、音乐律动创造力和语言文字创造力。

通常来讲，数学逻辑智能、视觉空间智能、自然观察智能强的宝宝，具有

1

较强的二维三维创造力,这些孩子以后可能会成为画家、雕塑家、航海家、工业设计师等。

音乐智能和肢体运动智能较强的宝宝,通常具有很棒的音乐律动创造力。他们将来可能会成为歌唱家、舞蹈家,从事作曲、编舞等与音乐有关的工作。

语言文字创造力强的宝宝,具有较强的语言智能、内省智能、人际智能。他们可能会成为节目主持人、作家、外交家、学者、演说家、律师等。

由此可见,创造力是孩子迈向成功的第一步,想要让孩子获取成功就要培养孩子的创造力。

作者

2013 年 6 月

创造力测试一

你的家庭环境是否有利于孩子创造力的培养

良好的家庭环境对孩子创造力的发展起着十分重要的作用。家庭环境是否和睦,家庭对创造力的工作是否支持,以及父母对孩子的态度对孩子的创造力都有着不容忽视的影响。

父母的教养观念和方式都影响着个体的创造力的形成和发展。高创造力儿童的父母,很少会制约孩子的发展,他们重视孩子对生活的亲身体验,而高智商儿童的父母更注重对孩子礼仪、智商等方面的教育。家庭对孩子创造力起到促进还是抑制的作用,取决于家长对个体要求进行探索活动(智力的或操作的)的态度,有创造力的孩子在家中一般都比较独立,具有很强的自主意识。通过对富有创造力的孩子家长的调查发现,这些孩子的父母对孩子都比较信任和尊重,从小给予孩子进行探索的自由选择权,对他们早期表现出来的兴趣给予引导和鼓励。

下面就请家长们按照实际情况测试一下,你的家庭环境是否有利于孩子创造力的培养。

【测试题】

1. 在家里,为了培养听话、有礼貌的孩子,有没有给孩子设立了很多规矩。

A. 有   B. 没有

2. 对于为什么允许孩子这么做,为什么不允许那样做,是否经常给孩子讲这样那样的道理。

A. 是   B. 不是

3. 孩子不能毫无顾忌地想说什么就说什么、想问什么问题就问什么问题。

    A. 是   B. 不是

4. 孩子做错了,经常会情不自禁地指责他。

    A. 是   B. 不是

5. 对孩子的成功与失败总是比孩子还要担心。

    A. 是   B. 不是

6. 对待不同的事物孩子可以有自己的看法。

    A. 是   B. 不是

7. 十分重视孩子的学习过程而不是学习成绩。

    A. 是   B. 不是

8. 经常鼓励孩子对待普通的事情,寻找新的方法来做。

    A. 是   B. 不是

9. 孩子可以做自己感兴趣的事情,并有机会来做。

    A. 是   B. 不是

10. 认为自己的孩子是独一无二的、与众不同的。

    A. 是   B. 不是

1~5 题选择 B 得 1 分,选择 A 得 0 分;6~10 题选择 A 得 1 分,选择 B 得 0 分。

得满分 10 分的家长,创造了有利于培养孩子创造力的环境;得 8~9 分的家长,给孩子创造的环境还不错;如果低于 8 分,这样的家庭环境不利于孩子创造力的培养。

创造力测试二

测测孩子的创造力

亲爱的爸爸妈妈们，你们了解自己的孩子吗？孩子是否具备创造力？美国著名的教育心理学家托兰斯经过多次试验，编制了以下核算表，用以检测儿童的创造能力，家长不妨对照着这张表，检查一下自己孩子的情况。

请仔细阅读以下项目，如果你的孩子具备了一个特征，就记1分；不具备某项特征，就记0分。共23题，满分23分。

【测试题】

1. 在倾听、观察或做事情时，注意力高度集中以致忘了吃饭，也听不见父母在叫他。比如说"我没听见你叫我吃饭"或"我忘了吃饭的时间了"。

2. 思维异常活跃，总不能安安静静地坐着。比如说"我还不能坐下，我正在思考，我还要动手制作东西"。

3. 说话喜欢运用类比。比如孩子常常不经意间就说出一句"我觉得我像是一只即将变成蝴蝶的毛毛虫"，或"我觉得我像只会飞的鸟儿"。

4. 有向权威思想挑战的倾向。经常问一些莫名其妙的问题，比如说"为什么6岁之前我必须去学校？我还想待在家里看蚂蚁搬东西呢"！

5. 有追根究底的习惯。一个问题，如果不能回答得很清楚，绝不罢休。比如说"妈妈，我查了所有的书，还看了电视特别节目，并且问过老师，可我还是不知道神仙住在哪儿……"。

6. 观察事物很仔细，能看到事物的细微之处。比如孩子用小夹子摆弄着一只蜈蚣，告诉妈妈："妈妈，这只蜈蚣有99条腿。"

7. 渴望把自己的发现告诉别人。孩子跑过去，拉着自己的小朋友说道：

"猜猜,我发现了什么有趣的事情?"

8.过了规定的时间,孩子仍在继续进行创造性活动,会对妈妈说道:"妈妈,别烦我,我想把这件事做好。"

9.孩子的想象力很丰富,经常能把两个毫无关系的东西联系起来。例如说:"嘿,妈妈你看,我的新帽子简直就像个飞盘!"

10.坚持把某种想法付诸实施,喜欢采取行动。比如孩子说"明天我要去公园捉蝴蝶,制作标本",第二天就会立刻行动。

11.对各种事情都很好奇,有了解它们的强烈渴望。孩子们偶尔会表现得很固执,拉着爸爸妈妈说道:"我就是想知道这个院子从房顶上看是什么样的。"

12.自发地做某项实验来检验自己那些新奇的想法。比如你的孩子垂头丧气地走过来说道:"妈妈,我以为面粉加水能做成面包,可我只做出了白面糊。"

13.孩子用很兴奋的声音告诉别人他的发现:"鸡蛋里孵出了小鸡!"

14.有猜测试验结果的习惯。比如,孩子端着一盆水放到院子里,大声对妈妈说道:"我在水池里放过清洁剂,可是没有一只鸟来洗。今天我试试泡沫洗涤粉,看看有没有小鸟来洗。"

15.忠于真理并强烈地探求真理。孩子会说:"妈妈,你总给我讲神话故事,但我觉得世界上不存在什么神仙。"

16.有独立的行为。孩子说:"没有一本关于赛车的好书,爸爸,我长大了准备写一本。"

17.勇于提出自己的新观点。比如孩子会说:"我觉得应该允许儿童参加投票。因为儿童也有自己的观点。"

18.不易分散注意力。比如孩子说:"我不能出来玩,我要等我的化学药品溶解了才行。"

19.操纵思想和物体以获得新的组合。比如孩子说:"我要用这根绳子和这支铅笔做个量角规。"

20.具有敏锐的观察力。如孩子说:"雪融化了以后,颜色到哪儿去了呢?"

21.有寻求变通办法和探究新的可能性的倾向。如孩子说:"这人的旧鞋可以做个大花盆。"

22.能自觉而有独创性地学习。如孩子说:"昨天我去图书馆把所有有关恐龙的书都借出来看了。"

23. 乐于思考或调皮地提出新奇想法。比如孩子说:"如果狗变成了主人,而人则成了狗,会怎么样?"

赶紧想一想,自己的孩子是否出现过上述这些情况,加在一起能得多少分呢? 然后对照下面的测试结果,看看自己的孩子是否具备创造潜能。

1~4分,有基本的创造潜能,家长应着力培养。

5~15分,有很强的创造潜力,至少具备了平均水平的智力,父母应该鼓励孩子的创造行为。

16分以上,说明你的孩子具有极强的创造能力,具有好奇心,对动脑筋的活动非常感兴趣。这类孩子的创造性行为需要得到家长的爱护和理解,因为他们常常给家长增添很多意想不到的麻烦,但家长们一定要注意,不要打压孩子的好奇心,而是需要为孩子提供更多耐心的引导。

目　录

第三章 "动手"能力强的孩子才会有创造力

第四章 想象力,是创造力的催化剂

第五章 好奇心,是激发创造力的原动力

第九章　坚强的意志产生非凡的创造

第十章　培养孩子的创造性思维

第一章

神奇的创造力

创造力，培养出不一样的孩子

就现在而言，青年一代面对的压力越来越大，比如学习的竞争，能力的竞争……无论是哪一项，都能成为制约孩子发展的关键因素。因此，现在的父母压力特别大，如何对孩子的未来负责，如何让他们将来不步入"啃老族"的队伍，如何不会"被就业"……这些问题便成为很多父母不得不面对的。而现代父母采用的普遍方法就是让孩子学习更多的技能，例如音乐、绘画、舞蹈等，他们认为这些一技之长可以帮助自己的孩子在未来激烈的社会竞争中脱颖而出。

然而事实并非如此！技能是不是等同于核心竞争力呢？答案是否定的。那么，什么是核心竞争力呢？就是隐藏在音乐、绘画等这些有形竞争力背后的创造力！

创造力并非某项技能，但是它却表现为某一个人内在的潜能。什么叫作创造力，创造力又有怎样的表现呢？

某幼儿园举办了一场区域活动，孩子们像往常一样纷纷来到各自喜欢的区域玩了起来。一向热闹非凡的剪纸区域今天却只有两位孩子光临。连续两天剪纸区域都冷冷清清的，这样可不行，必须引发孩子们对剪纸的兴趣，于是，老师想出了一个好办法。在讲评的时候，老师特意拿出小朋友剪得又细又长的纸条问："你们看，这个剪得细细长长的纸条多漂亮呀，它像什么呢？"

这时，孩子们七嘴八舌地讨论起来，有的说像线，有的说像水，有的说像妈妈的头发……老师灵机一动马上说："对呀，它真的好像是妈妈的头发啊。"接着，老师又马上找来废旧材料制作了很多妈妈的头像，又请小朋友把刚才剪的纸条贴在了头像上，于是细长的纸条就变成了妈妈的头发。

老师接着问："妈妈直直的头发真漂亮，你们妈妈的头发和她一样吗？""不一样，我妈妈的头发是卷卷的。"有一个小朋友马上说道。"是吗，你妈妈的头发是卷卷的，真漂亮，这个妈妈也想变成卷卷的头发，谁来帮妈妈烫头发。"

"我来，我来……"小朋友们一下子热闹了起来。就这样，在老师的指导下,一个烫头发的妈妈形象出现了。于是,剪纸区域又热闹了起来。

在老师与孩子进行互动的过程中,虽然材料充当了很重要的角色,但是它是无声的,它的暗示作用并不会主动发挥出来,有时它需要与老师的语言提示、行动参与和同伴的经验等一系列的因素结合在一起,才可以发挥作用,激发孩子参与活动的积极性和创作灵感。

在这个世界上,音乐、绘画等技能都只能成为孩子最基本的竞争力,若拥有了创造力,孩子们弹钢琴才可以与郎朗不分伯仲,画画才可以与张晓刚、岳敏君齐名。缺乏创造力的人,往往付出了很多,却收获很少。大到民族国家、小到芸芸众生,莫不如此,因此,创造力就是孩子的未来,也是民族的未来。

了解创造力教育的重要性

创造力其实就是人们在解决问题时所表现出来的一种创造性的思维特征,是在一定目的的支配下,能够运用自身掌握的信息,同时发挥自己的创新性思维,最终产生某种新颖、独特、有价值的想法的能力。简单说,创造力就是一种创新的能力。

创造力教育是指以培养创新能力作为教育核心,根据创新的原理,以被教育者能够具有创新意识、思维、能力、情感以及个性作为主要目标的新型教育理论和方法。该教育最主要的目的是让孩子们能够在掌握学科知识的同时培养良好的创新能力。

在当今时代,资讯技术飞速发展,创新的重要性也越来越明显,堪称国家兴旺发达的不竭动力。面对传统教育所凸显出来的弊端,我们知道,要想在这个社会中更好地生存下去,必须大力推进创造力教育,培养出更多具有创新能力的人才,这已经成为当今教育的首要任务。

根据现代教育学的研究表明,一个人的整体素质和观念在很大程度上都取决于他在幼时接受的教育。所以,提醒爸爸妈妈们,要想将自己的孩子培养成一个具有创新意识和能力的人,幼年教育很重要。

为什么幼年教育对创造力的培养具有这么大的作用呢?主要是因为,孩子在小的时候表现出很强的求知欲和好奇心,思路和思维也很开阔,不受限制,此时他们的大脑中基本没有思想束缚,通常会表现出令人难以置信的创造能力。所以,爸爸妈妈一定要抓紧机会,不要错过培养孩子创造力的黄金时期。

对于父母来说,创造力教育主要包括哪些方面呢?

1. 创新意识的培养

创造力教育的目标首先就要强调孩子创新意识的培养。父母应该时刻向被教育者推崇创新的积极意义,不时地鼓励他们要以创新为荣,让他们能够树立牢固的创新观念和意识。从心理学角度来讲,人们只有在某种强烈意识的推动下,才能产生与此对应的行动。

创新意识是指人类意识活动中一种积极的、富有成果性的意识形式,它是人们进行创造性活动的出发点和内在动力。我国著名的数学家陈景润之所以能够攻克"哥德巴赫猜想"的难关,正是在这种强烈的创新意识的鼓舞和推动下,投入常人难以想象的精力和热情,最终取得了丰硕的成果。

2. 创新思维和创新能力的培养

孩子只有在具备了创新思维之后,才能揭示客观事物的本质及其内在的联系,从而带来更多新颖的、前所未有的思维成果。创新思维是构成孩子创新活动智慧结构的关键,同时也是创造力的核心思想,在创造力教育中,父母必须重视这种难能可贵的思维的培养。

一个人只有具备了创新性思维,才能具备积极的求异性、敏锐的观察力、创造性的想象力、独特的知识结构以及活跃的灵感。这样的思维能够保证我们在寻找解决办法的同时,深刻、系统地掌握知识,并且将其广泛地转移到实践的过程中,帮助我们顺利完成创造性的活动。

创新能力反映的是一个人在创意智慧的控制和约束下的行为技巧和能力,它是将创新思维转化为现实成果的一种能力。

3. 创新情感和人格的培养

创造力教育指的是一种全新的教育思想和人才培养模式,从一定程度上来讲,此种教育的实质是培养人的创新情感和独特的个性,因为任何创造性的活动都会受到人格或个性的极大制约。

创新情感和个性培养是形成和发挥创新能力的底蕴。完成持续的创新过程并不是一个单纯的智力活动,需要以创新情感作为动力,以创新人格作为基础,同时还要具备高远的目标、坚强的信念以及强烈的创新激情等。各种要素集合在一起才能完成一个整体的创新过程。

爸爸妈妈在注重培养孩子的创新情感的同时,不能忽视孩子的个性培养。心理学家认为,尽管创造型人才在各方面也存在着很多差异,但他们大体都具有以下个性特征:记忆良好,观察敏锐,想象丰富,思维敏捷,意志顽强,判断准确;独立性较强,有充足的自信心,有较强的社交能力、应变能力;有超强的改革创新意识,精力充沛、热情高涨、好奇心强、不怕挫折等。

创造性思维应具备的根本特征

创造性思维的根本特征就是要求人们对现有的结论提出质疑。只懂得墨守成规,顺从于现实,也就只能停滞不前。

一天晚上,皎洁明亮的月光洒满大地,伽利略拿起自己手中的望远镜对准了月亮。他发现,月亮并不像是几千年前人们说的那样光滑无瑕,它的表面就像地球一样,有高山、深谷,还有火山喷发之后留下的裂痕!

这之后,伽利略几乎每天晚上都要拿着望远镜对着天空,探索宇宙的奥秘。他惊奇地发现,银河主要是由很多小星星汇聚在一起形成的,我们的肉眼所能看到的仅仅是距离地球最近的那几颗。他还发现太阳里面有很多黑点,这些黑点的位置在不断移动着。所以,他断定太阳自身也是在不断移动的。

1610 年 1 月 7 日的晚上,伽利略观察木星。他看到木星的旁边有 3 颗小星,2 颗在左,1 颗在右。第二天晚上,他惊奇地发现 3 颗小星都跑到了左边。到了 10 日的晚上,仅有左边还有 2 颗小星。而 12 日晚上,木星的旁边竟然出现了 4 颗小星,3 颗在右,1 颗在左。他断定,木星有 4 颗较大的卫星环绕着它公转,而这就是太阳系的缩影。

伽利略埋头工作,不断地观察。他凭借无可辩驳的事实说明地球在围着太阳转,而太阳仅仅是一颗普通的恒星,所有的恒星都是像太阳那样的巨大天体。宇宙间的一切天体,包括太阳那样的恒星和地球那样的行星,都是在不断运动的。

1610 年,伽利略的著作《星空使者》出版了。人们十分惊讶地说:"哥伦布发现了新大陆,伽利略发现了新宇宙。"

若是伽利略没有对地球中心论提出质疑,日心说怎会被发现呢? 若是·

一味地顺从宗教教义,达尔文的进化论又怎么会被发扬光大呢? 爱因斯坦若是没有否定牛顿的传统力学,相对论又怎会出现呢?

在这个世界上,几乎所有的创造和发明都是建立在对前人发明创造的质疑上。科学只可以无限地趋近于真理,永远不可能达到终点,而只有将传统理论打破,才可以创建新的理论,世界才得以不断发展,人类才得以不断进步。

总之,创造力是创造性思维的外在表现。假如一个人拥有创造性思维,那么在这种思维的推动下就有更为新奇的想法和行动,我们将这样的行为称之为创造。对于孩子来说,他的好奇心与奇思妙想其实是创造力的一种表现形式。创造力的表现就像智力一样,具有内隐与外显两种形式。

我国心理学家董奇认为:内隐的创造力是一种思维和形式,一般是静态的,它提供创造主体产生创造性产品的可能性,但是却没有创造出产品,因为这种思维特征无法被人们直接察觉到,而只有个体的思维创造出产品的时候,这种内隐的能力才会被外化成可以看得见的创造力。简而言之,就是说创造力本身是一种能力,虽然它可以用结果来表示和衡量,但是并不代表创造力就一定会生产出创造性的产品。创造性产品的产生除了需要主体创造能力的智力保证之外,更需要将这些创造性的理念转变为实际产品的客观条件,也就是说需要相应的技术等非智力的因素,以及外在环境可以提供的条件、机遇等因素。

虽然我们可以从个体的创造性产品的新颖性、独创性和对社会的价值来判断一个人是否有创造力以及创造力的大小,但是,这并不表示没有外显的创造性活动、没有创造性产品的人就是没有创造力的人,实际上,创造力人人都有,只是有的人没有付诸实施。

创造性思维的主要特征

创造性思维是我们在对孩子的创造性教育中所培养的最可贵的思维品质。当年,牛顿坐在苹果树底下看到苹果从树上落下来,就立刻想到苹果为什么不往天上飞,而要往下落。牛顿的创造性思维让他后来提出了著名的"万有引力定律"。

一般来说,创造性思维的主要特征为以下几点。

1. 独创性

独创性是创造力的首要特征。创造性思维的特点是独树一帜,打破思维定势,不固执己见。站在思维的前沿,用全新的观点来认识事物,对事物的见解独到。自古以来,有创造性思维的人都发现了一些寻常人发现不了的事情。

在 1665~1666 年期间,因为剑桥流行黑热病,学校被迫放假,刚从剑桥拿到学士学位的牛顿返回了久别的家乡。

有一天,牛顿坐在一棵苹果树下看书思考问题的时候,一个苹果掉了下来,正好砸在他的头上,这一下启发了牛顿。他觉得很奇怪,为什么苹果会从上往下掉而不是从下往上升?他带着这个疑问进行研究,后来他通过论证发现原来地球是有引力的,能把物体吸住。此后,经过多年努力,他终于完成了万有引力定律的阐述、数学证明与公式推导。

牛顿发现地心引力的这个故事,让我们看到了牛顿善于发现问题、解决问题的创造力,而它不仅是创新性思维的首要特征,同时还是开发创造力的关键所在。

2. 变通性

变通性指的是个人依据情况的变化而变化,从事物的不同侧面、不同角度思考问题,从而克服思维方面的单一性,并且擅长从多种办法中选择最佳方案来处理并解决问题。

变通性在观察、思维、记忆中主要表现为:善于在短时间内引发联想,建立联系;擅长从不同方面思考问题并且寻求最有效的解决问题的办法;善于自我调节,迅速及时地调整原有的思维过程或者思维习惯。

"急中生智"就是变通性的最典型表现。小小的司马光,若是缺乏思维变通性,就不可能会当机立断打破水缸救出小孩。曹冲称象,若是缺乏思维变通性,就不可能立刻打破思维定势,想出对策。

3. 发散性

发散思维是创造性思维的核心内容。心理学家吉尔福特说:"创造性思维的最主要的特征是'发散思维'的发展水平。"发散思维可以就一个问题提出多个答案,从一个点向各个方向无限扩散,寻找多种答案。可以通过"一题多解"、"一手多写"、"一物多用"等方式培养发散思维能力。

4. 流畅性

在思考、解决问题的时候，善于"由表及里，由此及彼"，这其实是指思维的流畅性和贯通性。思维的流畅性具体指当发现一种新的现象之后，可以迅速地推陈出新，挖掘出新的东西，展开纵深研究；或者见到一种新的现象之后，迅速联想到与之相关的事物与现象。思维的流畅性能够让大脑的思维变得越来越复杂，越来越畅通，让事情的解决变得更加有可能。

要看到孩子的创造潜能

很多爸爸妈妈有这样的困惑，为什么无论自己怎样引导，孩子都不能表现出创造潜能呢？是不是这类孩子根本就没有创新能力呢？事实上每个孩子都或多或少地具备创新潜能，只不过这类孩子的潜能还没有被激发出来，或者孩子本身的创新能力较为薄弱。此类孩子一般有以下几种表现，爸爸妈妈可以对照着观察一下自己的孩子，如果出现了相关问题，一定要引起注意。

（1）为人木讷，不管他人怎样谈论，总喜欢封闭自己。

（2）思维不活跃，不善于回答问题，更不知道怎样提问。

（3）对新事物缺乏敏感性，也不关心新奇的事物，好像与世隔绝一样。

（4）做事过于循规蹈矩，一旦出现一点意外情况，就不知道怎么处理。

（5）动手能力差，照着示范都做不好一件事情，更别说做一件新奇的东西。

有的家长经过对照比较，发现自己的孩子属于创造力表现较差的一类，为什么会出现这样的情况呢？一位曾经留德的学者说："在我上学的时候，经常出现这样的情况，老师提出一个问题让中国学生回答，10 个人的答案都差不多。但是同样的问题让外国学生回答，10 个人能给你讲出 20 种完全不同的答案。尽管有些学生的想法很离奇。"

诺贝尔奖得主、美籍华人朱利文说过，虽然很多美国学生的学习成绩不如中国学生那么高，但美国学生的创新和冒险精神往往能创造出很多惊人的奇迹。

事实也确实如此，相关调查资料表明，当前就我国的大学毕业生而言，有95%的人不会或根本不能进行创造发明。就当今时代来说，创新精神几乎成为了时代的主旋律。科技的发展，知识的创新，成为国家、民族发展的决定性因素。孩子是父母的希望，是祖国的未来，所以教育要从小抓起，培养孩子的创新意识。

大部分人在孩童时期都有创造潜能，但随着长大的过程失去了这种能力，最主要的原因就是大人不正确的教育方法造成的。美国人迈克尔·米哈尔科在《思考的玩具：商业创新手册》一书中写道："有一个观点认为创造力是天生的，这是错误的，每个人都有创造能力，但是，我们没有学习怎样发挥创造力，孩子们步入学校时是个问号，走出学校时却成了句号。"

我们的确应该关心对孩子创造能力的培养。在教育孩子的过程中，无论孩子提出什么样的问题，家长们教给孩子的大多是正确的答案，但是，却很少教给孩子正确思考的方法。大部分父母在对自己的孩子进行教育的时候，往往只重视提高孩子的智力，却忽略了孩子的非智力因素，经常自觉或不自觉地压抑孩子的创造意识，使原本具有创新潜能的孩子变得越来越墨守成规，缺乏积极的应变能力。

记得美国曾出现过这样一篇报道，大意是有一个美国妈妈状告孩子的幼儿园。状告的原因是孩子在上幼儿园之前，可以把字母"O"想象成苹果、小嘴巴等，但是，上了幼儿园，经过老师教导之后，孩子只认为那是字母"O"了，再也没有了以往的想象能力！

这个官司在当时引起了很多人的关注，最后，经过协商，美国的法院判决那位妈妈赢了。在中国，也许有很多家长会说，这种事情根本不可能发生，因为我们至今还没有适用的法律来支持。其实这并不是主要原因，最重要的是我们早已根深蒂固的传统思想"老师的答案就是正确的，同时也是唯一的"禁锢着我们一代又一代人的头脑！下面发生的这个故事却不得不引起家长们的深思。

有一个孩子和妈妈一起坐车，孩子兴奋地拽拽坐在一旁的妈妈，说道："妈妈，你看外面的楼好高，我们就像在峡谷中穿行一样！"孩子的妈妈正在看书，听到孩子莫名其妙的问题，不耐烦地回答道："小孩子不能乱说话，也不能在大人做事的时候打扰。这不是什么峡谷，我们只是在坐车！"孩子对于妈妈的训斥，表现出一脸沮丧。

试想一下，孩子以后再次遇到这样的情况，还会把自己的新发现告诉妈妈吗？当然不会，因为孩子幼小的心灵受到了冷落。事实上，孩子是敏锐的，他们的观察也是最直观的，尽管有时候显得很离谱，可是这又有什么关系呢,只能说他们的小脑袋瓜里充满了我们无法触及的神奇想象,我们做父母的为什么不能在适当的时候给予鼓励呢? 这是很简单的事情,不用你说太多话,很多时候他们只是需要你的一句肯定、一个鼓励的眼神或者一个会心的微笑。这对于孩子来说已经足够,他会带着父母的赞扬将自己的创造性思维发挥到极致。可是,父母的冷漠却打消了他们思维的积极性,最后连孩子的创新意识和创新思维都被扼杀了。

美国人迈克尔·莱博夫曾经说过:"创造力就像一种智力肌肉,只有当我们找到了锻炼它的方法,你才能发挥出潜在的创造力。"

虽然孩子生来就具备创造潜能,但关键还在于后天的培养,青少年时期是培养孩子创造力的关键时期。基于这一点的认识,现在已经有很多家长都加强了对发掘孩子创造潜能的重视。实际上,如果父母能够重视培养孩子的创造能力,那么孩子的智力也能迅速提高。这又给父母们提出了更高的要求:应该怎样去教育小孩? 如何做,才能在教给他们知识的同时,让他们学会思考,最大限度地激发出孩子们的创新潜能呢?

有的家长为了训练孩子的创新思维能力,买了很多所谓的提高孩子智力的书籍。结果却适得其反,不仅没有达到目的,孩子反而被搞糊涂了。看看下面这个小例子,这应该是生活中最常用到的一个智力测试题。

一位家长问孩子:"树上有十只鸟,猎人打死了一只,还剩下几只?"

孩子给出的答案是九只。可是,家长却告诉孩子:"不对,应该是一只,因为剩余的九只鸟都飞走了,只剩下了打死的那只。"

第二天,家长又拿出同样的问题:"树上有十只鸟,猎人打死了一只,还剩下几只?"

孩子记住了家长的答案,说还剩下一只。结果,家长又说不对,告诉孩子还有九只。孩子很奇怪,昨天还剩下一只,今天怎么会变成九只呢? 家长解释说:"因为这次猎人用的是无声手枪,所以其他鸟并没有被惊走,依然在树上。"

第三天,家长再一次拿出了这个问题,孩子告诉家长还有九只。但是,家长再次笑着摇头说道:"应该是十只,因为被打死的那只鸟被挂在了树上!"

这时候孩子真是糊涂了,为什么同样的问题,答案总是变来变去呢,反正听家长的准没错。结果,意想不到的事情发生了。

一天,孩子参加数学考试,老师出了一道题:10-1=?

孩子想起了家长的问题，不知道该如何回答。他想：也可能等于九，也可能等于十，也可能等于一……于是，他就把这些答案都写上去了。

结果，老师看到这些答案后很生气，给他判了个大大的红叉，孩子拿着试卷，回家哭了半天，到底谁的答案才是正确的呢？

由此可见，家长对孩子进行创新教育的时候不要只想着那些答案，关键在于要找到启发孩子动脑筋想问题的方法，教给他们寻找答案的方法，千万不要拿那些书上所谓的智力测试题去混淆孩子的思维。现在市场上很流行"脑筋急转弯"之类的书籍，可能在某些时候对开拓孩子的思维会起到一定的作用，但是，有些书籍里包含很多拙劣的题目，不仅不会拓展孩子智力，而且还会混淆孩子的思维。

孩子的创造力非常珍贵和脆弱，一旦错过了培养创造力的最佳时期，再想挽回将很难。每一个父母都应该谨慎小心地对待孩子的教育问题，不要早早地把孩子的创造潜能破坏掉，更不要把它扼杀在不科学的教育中。

具备创造潜能孩子的特点

有科学家曾对具有创造力的孩子的特点做了一些总结，大体发现了以下5个公认的特点。

（1）做别人认为做不到的事情。

（2）不顺从别人。

（3）不按常规思维。

（4）敢于质疑。

（5）愿意表明立场。

美国当代著名心理学家卡尔·罗杰斯曾在论述创造性问题时认为："人人都有创造性，至少具备创造性潜能。"

陶行知也曾在他的《创造的儿童教育》一文中提到："教育是要在儿童自身的基础上，过滤并运用环境的影响，以培养并加强这创造力，使它长得更有力量，以贡献于民族与人类。教育不能创造什么，但它能启发、解放儿童创造力以从事创造之工作。"

确实，对于孩子来说，创造力和其他能力一样，都是可以培养和提高的。

为了激发孩子更多的创造潜能,国外很多国家都开设了相关课程,最大可能地保护和培养孩子的创造精神。比如俄罗斯开设了培养孩子创造力的"思维课",美国开设了"思维技巧课",法国有"激发好奇心课"……虽然这些课程的课时少,学习的知识也比我国同龄孩子要浅得多,但是国外孩子的创造能力往往比我们的孩子强。

美国的科蒂斯·劳森和刘易斯·巴顿分别是10岁和14岁的发明家,已经拥有了10项美国发明专利。他们能够取得如此骄人的成绩,得益于他们的母亲。在他们很小的时候,母亲就给他们制订了很多家规,其中最重要的一项就是每天下午必须做两个小时的创造性工作。这一要求确保了孩子们养成创造的好习惯。

我们今天培养孩子的创造性思维,正是为了明天开发他们身上潜在的创造力。父母培养孩子的创造性思维,应强调思维活动的灵活和知识的迁移。父母在日常生活中要多鼓励孩子在学习和生活中多想问题、多提问题,勇敢提出自己不同的意见和看法。对于孩子新颖独特的想法,家长要给予特别的赞赏,哪怕他们的想法很幼稚甚至有时候会出现错误,也要先肯定孩子的创新精神,再耐心地告诉他们错在哪里,然后再引导孩子学会有目的、多方面、多角度地思考问题。

启发创造力——培养天才的第一步

创造力是上天为我们每一个人准备的财富,它伴随着我们生命中的每一秒。简而言之,创造力是一个人与生俱来的天赋。

当代科学证明,人的大脑主要分为左脑和右脑。左脑和人体的抽象思维、书写、语言、计算以及分析能力有关,而右脑则和具体的思维、直觉、想象、对于事物复杂程度的理解以及整体综合能力有着密切的联系。在左脑和右脑的和谐作用下,有助于人的创造力的全面发展,特别是右脑的发展,对于创造力而言至关重要。

刚刚学会拿笔在纸上涂鸦的孩子,是其先天创造禀赋的一种具体表现,但是从信笔涂鸦再到具有创造力的绘画,还需要后天的培养。相关的科学资料表明,人一生中创造力的最活跃期在4~10岁,若是在这6年的时间里,孩子的创造力得到激活,并且被很好地引导和培养,那么孩子在未来的道路上就会有一个积极向上的态度,特别是在困境面前,会表现出不易退缩、勇于挑战和敢于尝试的精神;相反,若是在这6年的时间里,孩子的创造力一直未被激活,那么在未来,对孩子创造力的激发就要付出更大的努力。

其实,现代中国教育和中国父母们最失误的地方,就是企图用"教"的方式来培养孩子的创造力,却不知创造力是很难被教出来的。在这一点上不妨以王安石父亲的教育方法作为借鉴。

宋代王安石的一家人中,从父亲王益到长子王雱,一共出了7名进士(王益、王安仁、王安石、王安礼、王安国、王安上、王雱),从古至今都被称为家族的奇迹,由此可见王氏家族的家教不容忽视。那么王益又是用怎样的方法来教育自己的子孙呢?在王益的家教历史中,既没有头悬梁,也没有锥刺股,王益的教育方法很简单——不加干涉地让孩子们饱览群书。在这里父母们应该了解当时的历史背景,就像当今的历史教育一样,普通的孩子考什么就学什么,主要的学习对象就是《四书》《五经》,程朱理学。但是王安石除了学习考试部分之外,还可以自由学习自己感兴趣的学问,例如道家、法家、佛禅等,就是因为他对于知识的全面阅读和吸收,才使得他成为著名的政治改革家。王安石式的自由,激发了他的创造力,而固定式学习法却会在一定程度上禁锢孩子的创造力,孰优孰劣,不言而喻。

所以,激发孩子们先天的创造力,培养一个天才儿童,最重要的并非补习班,也并非营养品,更不是名师名校,而是一个自由获取知识、自由思考、自由探索的空间。也就是说,假设孩子的身上长了一个装有密码的创造力的按钮,那么唯一的激活密码就是自由,而这也正是如今的中国教育模式中最缺乏的东西。但是自由绝对不是放任自流,而是为孩子创造一个可以尝试、可以怀疑、没有标准答案的自由的成长环境。

自由是一种比较抽象的概念,要想为孩子创造真正的自由,父母就要放弃原有的教育方式,让孩子能够自主地选择。当然这并不代表父母就可以完全地放手,只不过将原有的包办方式转变成督导方式,同时多给孩子激励和赞扬,将孩子的创造潜能彻底激发出来。

第二章

培养创造力，要有一个良好的家庭氛围

尊重孩子的选择，培养创造力

在对全球 21 个国家的调查中，人们发现中国孩子的计算能力排名世界第一，想象力却排名倒数第一，创造力排名倒数第五。这些被调查的学生中，认为自己有好奇心和想象力的只有 4.7%，而希望培养自己的想象力和创造力的只占 14.9%。

中国大多数父母都很注重培养孩子们各项应试教育所需要的能力，却往往忽略了对其创新能力的培养，致使孩子们的创造能力越来越差，几乎忘记了应该如何创新。

一个不懂得创新的人，只能跟在别人的身后模仿，但是不管模仿得多好，都只是"山寨版"。

为了让孩子摆脱这样的命运，家长们要努力学习如何培养孩子的创造力。这就要求家长因材施教，因为每个孩子都是不同的，他们是独一无二的，家长要学会了解孩子的特点，理解孩子的行为，创造出适合他成长的环境。

中国孩子之所以缺乏创造力，并不是因为先天没有创造力，而是他们的创造力被家长一点一点给禁锢了。因为家长缺乏对孩子学习能力的正确理解和认识，总是用统一的标准来强制孩子学习，从而在不知不觉中扼杀了孩子的创造力。所以，家长要学会尊重孩子的选择，如果孩子对某方面有兴趣，家长就要鼓励孩子在这方面进一步发展，这样才能让孩子始终保持积极性。

要培养孩子的创造力，还要让孩子能自发地去寻找解决问题的条件。没有约束，没有条条框框，没有唯一的标准答案，同时激发孩子自己思考新的方法。比如：拿一个半月形的图案，问问孩子：这像什么？答案可以是多种多样的，比如，像月亮，像字母 C，像饼干被咬了一口……家长应该鼓励孩子们观察周围的环境和事物，他们想出的内容越多，就说明他们思考得越多，创造就越多。

家长们请记住：勇于自我选择的孩子才会有自己的见解，才能创造出和别人不一样的东西。

民主的气氛激发孩子创造力

对于一个还没有定性的孩子来说,将来他是否能够成功,决定性因素就是家庭教育。家庭的和谐能够使孩子感觉到家庭的温暖和父母的爱,能够让孩子养成健康的心理去面对生活和学习中遇到的困难;而不和谐的家庭会阻碍孩子的前进。可以这么说,"什么样的水养育出什么样的鱼",孩子的成长是和家庭的环境有着很大的关系的,所以家长们一定要为你们的孩子创造一个良好的家庭氛围。

小鹏在小时候是个思维敏捷、很有创造力的孩子。在学习上不用费什么力气就能够找到既简单又巧妙的解题方法。他还利用课余的时间做各种各样的事情:经常会到大街上做一些实践调查,回到家后写实践报告;也会时不时地参加一些发明创造的比赛,总是会得奖。

小时候的小鹏之所以会这么有出息,他的父母功不可没。他从会说话的那天起,家里就有了"言论自由"。爸爸妈妈在辅导小鹏学习的时候,总是会指引着他自己去思考,让他把自己的观点说出来。家里面的事情,他的父母还经常会问一下他的意见。小鹏的父母很尊重他的意见,从不干涉他的想法。他总是说:"我非常感谢我的爸爸妈妈,他们非常尊重我的意见,给了我独立思考的机会和空间!"

但是生活在不知不觉间发生了变化。小鹏的父母总是为了一点点小事情争吵,有时候还会摔东西,家里的杯子、碟子都不知道换了多少次了。小鹏看着这一切很伤心,他想念那个和谐而幸福的家,于是他决定靠自己的力量来挽救家庭的幸福。只要爸爸妈妈吵架了,小鹏就会跑过去劝解,没想到爸爸妈妈一反常态,不但没有和好,反而冷着一张脸,丢给小鹏一句"大人的事情,小孩子不要管",然后继续吵架。

小鹏不知道自己的爸爸妈妈这是怎么了,他不知道谁能帮助自己,所以每天心里总在纠结一件事情:"我的爸爸妈妈什么时候才能和好?他们为什么会吵架呢?"这样想着,他根本没有心思学习,成绩更是一落千丈,跟原来那个聪明、爱学习的小鹏简直判若两人。

现在的小鹏跟原来的他为什么会有这么大的差别呢?最主要的原因还是家庭环境。心理学研究表明,影响孩子成长和创造力培养的最大因素就是家庭环境。聪明和创造力强的孩子在家中是非常自由的,他们能够自己独立解决问题,父母不会插手;而在每天争吵、专制霸道的家庭环境中成长的孩子,他们的情绪会很不稳定,而且还缺少创新精神。

创造力的萌芽在每个孩子身上都具备,每个孩子都可能会变成发明家,但是父母不正确的教育方法会把他们的创造力萌芽扼杀掉。中国很多家庭里的妈妈,把孩子每一天的生活都安排得非常妥当,孩子的每一句话、每一个动作她都干涉,孩子如果做出不良的举动,妈妈就会立刻纠正和禁止。在孩子成长的阶段,一些不当的举止是难免的,干涉得过多,孩子就会变得什么都不敢说、什么都不敢做,他们个性的成长受到压抑,致使他们创造力下降。

那么怎样营造一个既民主又温馨的家庭呢?

1. 给孩子一个肆意想象的空间

家长要给孩子创造一个私人的领域空间,一块能够让孩子随意想象的空间,拿一些可以进行创作制造的工具和物品给孩子,不要因为家里的东西被孩子弄脏弄乱了,就限制他们。父母可以根据孩子的特长和爱好来布置他们的空间:如果你的孩子喜欢画画,那么一面漂亮的涂鸦墙对他来说是最好不过的了;如果你的孩子喜欢做些小实验,搞些小发明什么的,那么你就给孩子一个单独的空间,让他可以把自己的瓶瓶罐罐储存起来。

父母要尊重孩子的爱好,并在自己能够做到的范围里,支持孩子的爱好,留给孩子一些能够自由尝试的空间。

2. 让他们能够发表自己的意见

孩子尽管年龄很小,但他们的见解并不同于常人,很多孩子都能够一语惊人,但是,很少有父母能够让孩子发表他们自己的意见。在人前,父母总是会说:“大人说话,小孩子不要插嘴。”在人后,父母就会说:“你知道什么?我吃过的盐比你吃过的米还多呢!”这样的教育方法,让孩子变得无论是在家里还是在社会上,都会趋同其他人的意见和想法,不敢有自己的见解和想法。

在孩子给父母提意见的时候,父母要及时地给予鼓励和表扬,这样才能让他对进一步地开拓思维产生兴趣。每个家庭都要做到人人平等,无论是谁都有相同的权利和责任,把家庭的责任适当地分给孩子一些,让他们能够得到锻炼。

别把自己的意愿强加给孩子

天下的父母都希望自己的孩子能成龙成凤,所以很多父母在孩子牙牙学语的时候,就已经为孩子设计好了一幅他们满意的理想蓝图,甚至连孩子上哪所大学、读什么专业都计划好了。为了帮助孩子实现"梦想",他们不顾孩子的兴趣爱好,强迫孩子按照他们设计的轨道发展。一旦发现孩子的行为与自己的意愿不符,就将孩子所有的努力和成绩全盘否定,甚至还会采取暴力行为。

诚然,父母望子成龙的想法无可厚非,但忽略了孩子真实的意愿,也抹杀了孩子宝贵的创造力。对于孩子而言,父母的愿望并不等于他们的理想。如果父母违背孩子的意愿,一意孤行,结果只有两个:一是孩子会变成一个毫无主见,事事依赖父母的"可怜虫";二是孩子不堪重负,走向极端,与父母对立,成为一个不听话的"不孝子"。

贝贝的爸爸妈妈非常喜欢音乐,尤其是爸爸一直为当年自己没有实现音乐家的梦想而遗憾,所以,他们希望儿子长大了能够成为一名音乐家。

从贝贝3岁开始,爸爸妈妈就为他报了各种各样的音乐学习班,可贝贝本身对音乐不感兴趣,每次都是爸爸妈妈逼着才去上课。回到家后就一头扎进他的屋内,摆弄他的那些玩具。

如今,6岁的贝贝在爸爸妈妈眼中,成了一个超级破坏大王,因为贝贝不是把这个东西给"拆"了,就是把那个东西给"毁"了。就拿玩具来说,通常,爸爸妈妈给他新买的玩具玩不过三天,就会被他"五马分尸",然后,他会把好几个玩具的零件"胡乱"地凑在一起,组装成一些十分奇怪的东西。过不了几天,贝贝又会把这些奇怪的东西拆毁再重新组装。原来,贝贝的愿望是长大后当一名发明家,他这是在搞"发明创造"呢。

但是,贝贝的爸爸妈妈可不这么想,他们眼看着贝贝一天天沉迷在"胡乱地搞破坏"中,对学习音乐一点儿兴趣也没有,他们决定要帮贝贝改掉这个"坏毛病",提高他学音乐的动力。他们将贝贝房中的所有玩具都收了起来,不让贝贝再碰这些东西,而且还规定:贝贝在上完音乐补习班之后,回到家中再练一个小时的钢琴、一个小时的小提琴。

刚开始，贝贝哭着喊着要自己的玩具，耍脾气不练琴，但是，爸爸妈妈是铁了心，强迫贝贝练习。爸爸在一边狠狠地训斥，妈妈在一旁苦口婆心地教育。最后，还将贝贝关在房间里闭门思过。终于，贝贝拗不过爸爸妈妈，哭着同意去练琴了。

从那之后，原本爱动爱闹的贝贝变得不怎么爱笑了，整天沉默寡言，完成爸爸妈妈规定的"任务"之后，常常坐在自己的房间里发呆。虽然贝贝每天都按照爸爸妈妈的话很努力地学琴，但是音乐成绩就是上不去。

在现实生活中，像贝贝父母这样以自我意愿为中心，为孩子设计好前途的父母不在少数。他们不管孩子喜欢不喜欢，也不管适合与否，一直逼着孩子走他们认为正确的道路。

他们常常认为，孩子还小，有很多事情都不懂，作为父母就应该监督他们，不让孩子"误入歧途"。殊不知，孩子年龄虽小，但他们也有鲜活的思想与情感，也有自己的兴趣与爱好，也有自己的志向与理想，喜欢探索新鲜事物，这些正是他们创造力的体现。对此，父母应该给予鼓励而不是扼杀！

孩子为了实现自己的目标而努力奋斗，是自觉自愿、积极主动的行为，这不仅能提高他们的学习效率，更能让他们在学习中找到快乐。如果是父母强加的"理想"，他们不仅失去兴趣，感觉压力太大，对学习产生抵触情绪，而且还有可能失去独立思考的意识，以至于精神萎靡，对生活、学习产生迷茫等情绪，甚至还会产生反叛的情绪，出现与父母关系紧张、厌学等现象，更有甚者还会走向歧途。这些对孩子的成长都是极其不利的！

所以，父母应学会正确对待孩子，不要让孩子成为实现自己理想的"工具"。其实，每个人都有自己的理想与追求，孩子也不例外。那么，父母应该如何对待孩子呢？

1. 给孩子足够的成长空间

父母应该给孩子一个属于自己的空间，让他们有自己的思想与独立思考创造的权利，不要让孩子成为只会盲从的"木头人"。作为父母可以根据孩子的具体情况与兴趣爱好，给孩子提出一些建议，引导孩子找到适合自己的方向。

2. 尊重孩子的独立性

随着孩子一天天长大，他们会逐渐形成独立意识，而父母应该尊重孩子的独立性,让孩子自由成长,而不是天天卡在父母设定的框子里。否则,他们很可能会失去自我,离开父母就会成为一个没有自我的胆小鬼。

3.给孩子最后的决定权

对于孩子的理想,父母若觉得合适,就应给予充分的支持。这种支持应该建立在充分尊重孩子的基础上,对孩子进行适当的引导与启发。即使孩子的理想与父母意愿产生较大的偏差,也要心平气和地与孩子沟通、交流,通过商量与探讨的方式,让孩子充分理解父母的想法,然后再把决定权交给孩子。

4.对孩子的要求不可过高

父母在尊重孩子的选择时,还要注意一些问题:不要在孩子建立理想的初期,就给孩子过多的压力与警示,这样可能会打击孩子的积极性,甚至"吓"得孩子不敢继续自己的理想。

5.精心培养孩子的"理想之苗"

当然,父母也不能对孩子的理想采取不理不睬或拔苗助长的做法。否则,孩子也不可能树立稳定的理想。最明智的做法就是鼓励孩子树立理想,让其自愿地为之奋斗,而父母在一旁只给予适当的指导。

孩子的成长之路本身就是百花齐放、万紫千红的,不要强迫孩子必须按照你心中的"形状"去成长!聪明的父母都知道,站在孩子的角度思考问题,因材施教,培养孩子的独立性与创造性,让孩子走出自己独特的风采。

孩子需要得到大人的尊重

现在这个时代,父母对孩子过于溺爱,总是以为他们长不大,孩子做任何事情都不放心,总是想着让孩子能够听取父母的意见,少走一些弯路。

我们不能否认父母爱孩子的初衷,只是他们大多是按照自己的意愿或者经验为孩子安排好一切。父母总是根据学校或社会既定的模式去计划孩子的将来,让孩子根据他们的价值观去做事情。父母觉得听父母话的、能够按照父母要求去做事情的孩子才是好孩子。很多父母都认为:"我把我经历过的经验和教训都交给了他,让他能够少走一些弯路,有什么不好的啊?孩子只要按照我的话去做了,他这一生肯定能够一帆风顺。"

盈盈很喜欢画画，而且她画得非常好，每个看过她的画的人都夸她画得好。但是盈盈的妈妈从来都不觉得她画的画有多么好，在她眼里，盈盈画画就是不务正业，盈盈的妈妈是学钢琴的，所以她要求盈盈必须学钢琴。

虽然盈盈的妈妈不让她画画，但她还总是偷着画。有一次，盈盈在偷偷画画的时候被她妈妈发现了，盈盈妈妈非常生气，把盈盈所有画画工具和画过的画都扔了，并且还对她说："再让我看见你画画，我就把你的手打断！"从此以后，盈盈就再也不敢画画了。

盈盈的整个童年都被妈妈逼迫着学习钢琴，还让她放弃了钟爱的画画，她一点也享受不到快乐。在她的童年回忆中，最快乐的时光就是伴随着油彩和画笔的日子，在她不能画画以后，她总是会待在别的小孩子家，看他们画画，想象着自己也在画。

盈盈不适合弹钢琴，她对钢琴一点兴趣都没有，但是妈妈强迫她学钢琴，强迫她放弃画画，让她失去了可以成为大画家的机会。她所热爱的东西自始至终都没有得到妈妈的肯定。

盈盈的妈妈一直都认为她给孩子安排的道路才是正确的，但是她没有意识到，孩子也有自己的想法，也有自己想做的事，也有自己感兴趣的东西。妈妈不知道，孩子对于她感兴趣的东西，会投以百分之百的精力，并产生无限的创造力。盈盈的妈妈应该多和孩子沟通一下，了解一下她的想法和意愿，在尊重孩子的前提下，给她更多的关怀、指导和肯定。

家长们总是说："我当初就是没听我父母的话，才导致我没考上大学，没找到好工作。以前没我聪明的同学都上了大学了，现在过得很不错，他们当初很听父母的话。所以我的孩子一定要听我的话，我会告诉他哪个好，哪个不好，哪个能做，哪个不能做。"那么父母就没有考虑过孩子的想法吗？有没有问过他们想怎么办，想怎么做？

斯宾塞写过一本名叫《快乐教育》的书，他在书中写道："看一看每一个时代生活得很好的人就知道，假如一个孩子将来面对的是一个专制君主统治的世界，那教育孩子多一点奴性、顺从，少一些自治能力、独断能力，这无疑是一种实惠的办法；但假如他将来生活在一个自由的、竞争的、富有创造力的时代，如果再对孩子的权利完全漠视，让他只是盲目地跟从、听话，那结果是对孩子极为有害的。"

由此可见，开发孩子创造力的重要的一点就是要尊重孩子的想法和选择。那么,父母们应该如何做呢?

首先,在孩子还小的时候,父母就应该多尊重孩子的意见和选择。孩子只有做他想做的事情,在遇到困难的时候才会努力坚持下去,成功以后也才能真正体会到成功所带来的喜悦。但在孩子进行选择的时候,父母应该告诉孩子哪些是好的因素,哪些是不好的因素,并和孩子说:"你如果要自己选择,那么这个选择给你带来的一切后果你就应该自己去承担。"

其次,孩子才艺的培养要因人而异,必须尊重孩子自己的意愿。父母可以适当地给孩子提供一些信息,然后让孩子自己来做选择。孩子对唱歌感兴趣,父母就不要强迫孩子去学习弹钢琴。在孩子感兴趣的领域里他的创造力才会真正得到发挥。

再次,父母要知道,在这个竞争越来越强的社会中,只有那些有主见、有想法、有想象力和创造力的人才能获得更多的成功。父母为了培养自己的孩子,总是采取一些专制蛮横的方法,这无异于缘木求鱼,做无用功。父母不但不把重点放在培养孩子创造力上面,而且墨守成规,指望自己的孩子能够在竞争越来越激烈的社会中脱颖而出,就真是异想天开了。

创造是孩子的一种天性,当孩子想要创造什么的时候,他们的勇气、毅力和力量会变得十分强大。这种力量能够推动孩子走向成功。父母想要把孩子的创造力激发出来,就要顺从孩子们的天性,尊重和支持他们的选择和想法。

别过分干涉孩子探索的机会

很多家长都会以保护孩子的"安全"为由过分干涉他们的自由,阻止孩子去探究新鲜事物,甚至强迫他们打消"尝试"的想法。在这些家长的管制下,孩子的创造力就这样一天天退化,直至消失。

4岁的滔滔特别喜欢探究一些他不理解的事情,比如"为什么水龙头里面的水会一直存在""为什么电风扇能转起来",等等。滔滔不仅会思考,还会去尝试。

一天,爸爸妈妈上班去了,滔滔自己在家又开始研究起水龙头,他把水龙头开到最大,目不转睛地盯着。过了好一阵子,妈妈回来了,一进屋看到满屋子的水,妈妈顿时火冒三丈,走到厨房发现滔滔还在津津有味地拨弄着水龙头。妈妈这次真发怒了，关上水龙头，没有急着擦地，而是把滔滔拽到客厅狠狠地揍了一顿，一边打一边大声呵斥滔滔："我看你还敢不敢在家捣乱，你再把家里弄得乱七八糟，我还用力揍你！"号啕大哭的滔滔被吓坏了，从那以后只要妈妈禁止的事情滔滔都不敢碰。滔滔看上去好像变"乖"了，但是爸爸妈妈发现滔滔不再问为什么，不再动脑筋，不再争辩，滔滔彻底变成了没主见、胆小怕事、爱哭鼻子的"小绵羊"。

本来活泼好动，敢于实践的滔滔由于妈妈的严厉阻止，变得失去活力、失去对新事物的兴趣，以至于后来滔滔成了一个沉默寡言、没有主见、毫无创新精神的人。

其实，孩子的创造力及长大后的成功，都是从"错误"中一点一点积累的，家长不要总是限制孩子去探索、尝试，应该多给他们提供"犯错误"的环境，让他们找到探究的兴趣，从而培养孩子的创造力。如果孩子能不断地总结犯错的原因，最终他们会懂得如何科学掌控创造的过程。具体的方法不外乎以下几点。

1. 保护孩子的创造力

也许，当孩子们被玻璃杯在桌子上"转一转"的现象而吸引时，脑海中早已经产生了无数个疑问。他们很想知道为什么玻璃杯在桌子上能"跳舞"呢？

为了解开这个疑惑，孩子便将妈妈刚刚摆放好的玻璃杯放到了桌子上，用手不停地转动。结果，杯子掉到地上摔碎了。这时候家长的第一反应很可能是生气，然后责备孩子不应该调皮，接着就会告诉孩子这样做非常危险，以后一定要注意。

虽然父母是为孩子的安全考虑，但这样一来，孩子的好奇心就会被终止，他们始终没有弄明白的问题也被搁置，最终让孩子形成一种畏惧心理，只是知道了类似的行为存在危险性，属于妈妈禁止范畴，却忘记了自己这样做的初衷。孩子的好奇心和创造力就是在父母这些看似保护措施的行为中丧失的。

聪明的妈妈应该懂得保护孩子的创造力。探索发现问题本身就是培养孩子创造力的一种方式。孩子能够有这样的表现，妈妈应该感到高兴。家长应抓住这一机会，陪伴他们一同寻找答案。这样就会对他们形成一种启发,激发他们寻求真理的欲望。

2. 对于非原则性的错误,别太较真

很多家长喜欢站在自己的角度看待孩子的行为,在他们眼里孩子的每一个行动都那么可笑,每一次因为"自由"而犯的错误都是那么幼稚。其实,这样的观点对孩子的成长毫无益处,无论从年龄还是生活阅历上看,家长势必要成熟于儿童,孩子们一些天真的想法和做法并不是错误,相反这些经历也许正是激发他们创造力、让他们积累成长经验的基础。所以,只要不是如"偷窃"、"残忍"、"自私自利"等原则性的问题,家长就不应该对孩子轻易说"不"。家长要宽容地对待孩子,给孩子足够的空间创造。

3. 给自由不等于"放任自流"

让家长给予孩子最大的自由,绝不是让家长对孩子"放任自流",当发现孩子的举动有潜在危险时,家长必须及时提醒。就是说,培养孩子的创造力并不是说要毫无条件地支持他们去"冒险",当孩子的行为不符合其年龄和安全常识的时候,家长有必要及时正确地引导,以免对孩子造成伤害。比如,孩子想去"玩"煤气罐,如果家长不阻止、不提醒,可能就会发生大的危险。当然,阻止和提醒也是有讲究的,绝不能进行野蛮制止,否则不但无法起到提醒的作用,还会让孩子对煤气罐更加好奇,或者可能会让孩子对新事物感到恐惧。家长可以打开煤气灶,把孩子的手慢慢靠近火苗,让他感觉到灼热,那么他自然就会明白这个东西不能随便动。

多鼓励孩子提问题

妈妈经常会遇到孩子问"为什么",有时候孩子的问题会让人诧异,没想到这么小的孩子居然会问一些大人都答不上来的问题。教育专家曾经说过,虽然孩子的某些问题有点不着边际,但这也证明他们的思维发散能力很强。因此,家长遇到类似的情况千万不能训斥孩子,也不要说"小孩子不懂不要瞎说"之类的话,而应该多鼓励孩子问一些"为什么",同时引导孩子自己去寻找答案。

西西在小的时候就是个沉默的孩子,虽然喜欢思考,但是都很少提问题,遇到不懂的问题总是不知道向别人询问,一直都是很安静地自己待着。邻居们都说西西是个既懂事又听话的孩子,但西西的妈妈却不觉得孩子这么不爱说话是件好事,她想让西西变得活泼一点,让他多提一些问题,这样才能锻炼他的思维,培养他的创造力。

一次,西西妈妈在给西西检查作业的时候,发现了一个问题:作业中的大部分题他都做得非常好,唯独最后的一道思考题,西西一个字都没有写。那个问题是这样的:"请你把需要冬眠的动物写几个出来,并说出它们需要冬眠的原因。"于是妈妈就问西西:"你为什么不把这道题的答案写上去呢?"西西回答道:"我不知道答案。我只知道青蛙是需要冬眠的,但是我不知道它为什么要冬眠,所以就什么也没有写。"于是妈妈就对西西说:"你不会回答这个问题,为什么不问问妈妈呢?"

"我……",西西说不上来。

西西的妈妈看着西西,对他说:"那好,西西,我们现在放松一下玩个游戏怎么样? 规则是这样的,你问我一个问题,我来回答,我回答完以后再问你问题,你再来回答。那么,西西,你先问妈妈问题,然后我再提问,西西告诉我答案,怎么样?"

听妈妈说要玩游戏,西西很高兴地同意了。

从此以后,每当西西妈妈在休息的时候都会陪西西聊天,鼓励他多提一些问题,而妈妈说的那个"问答游戏"也一直坚持了下来,在这个游戏的基础上西西的妈妈还加了一些奖惩的规则。逐渐地,西西变得开朗了起来,思维也变得活跃了。

西西妈妈的这个办法非常好,能够巧妙地运用游戏来带动孩子提问题。这个过程的重点不在于能不能回答出答案,而在于主动去提问。

有时候父母可以这样对孩子说:"有一个问题爸爸想不明白,宝贝能不能帮我解答一下?"通过这样的方式来主动吸引孩子的注意力,让孩子能够主动思考。

就像孩子问妈妈:"小鸡是怎样出生的啊?"妈妈当时答:"母鸡妈妈把蛋生了出来,蛋孵化成了小鸡。"妈妈在第二天想到了孩子问她的问题,于是故意考他:"你能告诉妈妈,小鸡是怎样出生的吗?"孩子摇了摇头,说他已经忘记了。如果在回答孩子问题时妈妈能够和孩子一起做一个实验,那么孩子就不会那么轻易忘记了。

好奇是孩子的天性,他们本来就喜欢问"为什么",例如"天空为什么是蓝色的呢?""为什么花有不同的颜色,而小草就只有绿色的?""水为什么是透明的呢?"当孩子问"为什么"的时候,如果家长不回答他们的问题,他的好奇心就会逐渐减弱,"为什么"也就不再是他们的口头禅了,久而久之就不再喜欢提问题了。爱因斯坦曾经说过:"提出一个问题比解决一个问题更重要。"因此,父母重视的不应该是问题的答案,而是每天都鼓励孩子问一些"为什么"。

有的父母经常会被孩子问得很烦,他们说:"我们家孩子天天缠着我问问题,看到什么东西都问,还总是打破砂锅问到底,真是让人烦死了。"其实家长不知道这是一种好现象,这说明你的孩子拥有很强的求知欲和好奇心。所以对于孩子的问题父母一定不要觉得麻烦,要懂得把孩子的好奇心保护好,尽量满足孩子的精神需要,这样才能让孩子具备钻研精神。

学会回答孩子的问题

不同年龄孩子的思维能力是不同的,所以,他们所提出的问题也会不同。两三岁的孩子提的问题非常简单,只是类似于"这个是什么""那个是什么"这样的问题,家长只需要把问题的答案简单地告诉他们就行了。四五岁的孩子,他们的生活范围逐渐扩大,能够更加深入地认识问题了,好奇心和求知的欲望更加强烈,提出的问题也会更加复杂,家长回答起来也会有一些难度。

那么家长要如何来回答孩子的问题呢?

首先,孩子向家长问问题,家长最好立刻回答他。假如你那个时候正忙着,那你要告诉孩子:"妈妈现在很忙,过一会儿再告诉你。"但是千万不要失信于孩子。

其次,父母在回答孩子的问题的时候,你所回答的答案需要简单易懂,要让孩子明白,适合孩子的心理。如果遇到一些较难的科学知识,你回答不上来,一定不要胡乱搪塞孩子,更不能批评孩子。不妨试着和孩子一块去找寻问题的答案。

有一次,小塞德兹问他的爸爸(著名的教育家塞德兹):"爸爸,我有一个问题要问你。"一边说,一边把一本关于达尔文进化论的少儿图书递给了塞德兹。

"儿子,你有什么不明白的呢?"塞德兹问儿子。

"进化论中说人是由猿猴变的,为什么现在人是人,猴子仍然是猴子?"小塞德兹问。

"书上不是写了吗!只有一群猴子变成了人类,而另一群猴子却没有得到进化,所以它们仍然是猴子。"塞德兹说道。

"但是这里存在一个问题。"小塞德兹怀疑地说道。

"什么问题?"

"既然是进化论,那么猴子们就都应该进化,为什么只有一群进化了呢?"

"为什么这样说?"

"我觉得另一群也应该进化,变成一群能够上树的人。"

就在塞德兹认真地和儿子讨论的时候,在家里做客的哈塞先生插了进来:"能够上树的人不就是猴子嘛。"

"不,哈塞先生,我们是讨论进化论而不是在讲故事。"小塞德兹一本正经地说道,对哈塞先生的玩笑有些不满。

哈塞先生就此闭上了嘴,但脸上却露出了一种不以为然的神色,他认为塞德兹不可能有这么大的耐心来回答小塞德兹的问题。

"那是不可能的,事实上猴子当中的一部分并没有进化……"塞德兹继续向儿子解释着。

"我还是不明白,这是为什么呢?"

"这个理论讲起来有点复杂,但这是个事实。"塞德兹也不能再深入地解释了。

"为什么?"显然,小塞德兹依然不准备放弃这个问题。

"可能和物种以及生存条件有关系。"塞德兹只好这样回答。

"什么条件?对猴子有什么影响呢?"小塞德兹继续追问。

塞德兹只好解释说:"据我所知,因为一些原因一群猴子不得不在地面上生存,于是它们的攀缘能力开始慢慢退化,慢慢就学会了直立行走,经过漫长的进化就变成了类人猿;另一群猴子依然生活在树上,就没有得到进化。"

"我明白了。但是为什么要进化呢?人能像猴子那样灵活不是更有趣吗?"小塞德兹又开始了另一个问题。

"虽然猴子的身体确实比人类要灵活,但是人类的大脑才是最灵活的。"塞德兹向儿子解释着。

"大脑灵活有什么用呢?又不能像猴子一样在树上跳来跳去。"小塞德兹接着问。

"身体灵活虽然好,但是只有身体上的优势是远远不够的。大脑的灵活才是最重要的,这样才能创造出文明。"

"什么是文明?为什么要创造文明?"小塞德兹问道。

"人类的进步就是文明。"塞德兹解释着。

"可是为什么要进步呢?"小塞德兹追问。

"因为只有人类进步才能拥有好的生活,也只有这样才能让人类与动物区别开。"

"为什么要和动物区别开来,难道它们不好吗?"

就这样,小塞德兹的问题一个接着一个,虽然有些问题很可笑,但是塞德兹总是耐心地回答孩子每一个问题,不让儿子失望。

待在一旁的哈塞先生忍不住问道:"亲爱的,你的问题真多,你就不怕你父亲回答不上来吗?"

塞德兹却说:"没什么,即便是再难的问题,我也会尽力回答。如果我回答不上来,我会想办法弄清楚,比如查阅一些资料。"

"是的,我爸爸总是这样。"小塞德兹高兴地回答。

在回答孩子问题时,只有保持认真的态度才会让孩子感到你在重视他的问题,同时也在侧面激励他去问问题,让孩子在一问一答中增长知识,学会思考。

家长回答孩子的问题,还要遵循一定的方法,并不是孩子问的所有问题都要回答。如果问题非常简单,父母就不用急着回答,可以引导一下孩子的思路,让他自己想出答案,孩子找出答案后家长也可适当地表扬孩子;假如孩子问的问题已经远远超出了孩子应该知道的范围,家长也不要拒绝回答,要向他们适当地解释一下;如果孩子问的问题家长也不知道答案,不要轻易地把孩子的问题挡回去,最好的方法就是和孩子一起找答案。

当你的孩子变得越来越热爱探索、越来越频繁地问"为什么"的时候,家长们千万不要对孩子感到厌烦,相反,你要为你有这样一个孩子感到骄傲和自豪,因为他正在努力地思考,他的头脑将会变得比别的孩子都灵敏。表扬你的孩子吧,鼓励他做一个思想的舞者!

蹲下来倾听孩子的想法

当孩子打算动手做一件事情的时候，或者是他想要寻找答案的时候，父母最好不要制止他们，即便他们的方法是错误的，也不要急着对其进行指责。父母们可以和他们沟通一下，告诉他们怎样做事才会更加方便和容易。要相信，有时候孩子们会在玩耍时学习知识，他们绝对不是在浪费时间。

楠楠和他的父母利用放假的时间来到海边游玩。到了海边以后，楠楠最喜欢的就是在沙滩上堆沙子。他经常会对着他堆出来的沙子说话，有时候还会一边拍手一边笑。他的母亲感到很奇怪，就朝他走了过去，想知道那堆沙子里面到底有什么有趣的地方。楠楠看到妈妈朝他走了过来，非常高兴地跑过去拉着妈妈的手说："妈妈，你看，这是我建造的，好不好看？"

妈妈仔细地看了一下，在她眼前除了一个又一个沙堆之外就没有别的东西了，于是妈妈就问他："你能告诉妈妈你建造的这些都是什么吗？"

楠楠拉着妈妈蹲了下来："妈妈你看，这里是山，这里是河，这里是城堡，这里是大家居住的城市，这里是爷爷和奶奶家，这里是学校，这里是故宫，这里是长城……"

妈妈又看了半天，楠楠说的那些她还是没看出来，在她的眼里，这些就是大沙堆和小沙堆啊，再看楠楠，正在全神贯注地堆沙子。顿时，她感觉非常生气，对楠楠说："你看看你，玩得满身都是沙子，回去我怎么给你洗衣服啊！我怎么没看你学习这么认真啊，整天就知道干这些不正经的事，你怎么不知道好好学习啊！"

楠楠被妈妈说得非常委屈，他不知道刚才还很温柔的妈妈为什么一下就生气了呢？他看着自己建造的城堡，觉得很好啊。为什么妈妈觉得很难看呢？他实在是想不明白。

这时候，转身要走的妈妈回头看了一眼，看见楠楠还在沙堆的旁边，就冲楠楠大声喊道："赶紧回去，还在那儿干什么呢！"楠楠只好跟在妈妈后面回去了。

楠楠妈妈的这种做法是非常不正确的。她的想法太过于局限，并不知道孩子进行学习和思考的重要方法就是游戏。对家长们来说,孩子的游戏大多是幼稚、没有意义的。当孩子在自己的游戏中沉迷的时候,父母一般都不能够理解。孩子想要和父母一起分享"成就"的时候,家长们不妨蹲下来,试着听一下孩子的想法,你会发现,孩子内心的世界是多么奇妙和丰富。

1. 鼓励孩子自由探索

父母要给孩子机会让他去自由地探索,这样他就会无师自通地了解许多事情。即便是一个很小的孩子,他的创造力也能够令人惊奇不已。孩子能够编出许多生动的童话故事。等孩子慢慢地长大以后,他的创造力还可能会超过父母。但是令人感到遗憾的是,很多父母并不觉得这就是所谓的创造力,他们总是认为那都是孩子的异想天开、胡思乱想。他们总是觉得等孩子长大以后,那些乱七八糟的想法就会消失了,他们甚至会因此感到很欣慰。

2. 蹲下来聆听孩子的想法

假如父母真的能够蹲下来倾听孩子的想法,那么他们就会发现,孩子天生就是一位创造家,一位艺术家,一位哲学家。假如这样的创造力能够一直延续下去,将来的他们会变得多么了不起啊。

蹲下来聆听,就意味着父母要站在孩子的角度上,尽量离大人们的思维世界远一点,走进孩子的思维世界里面,用孩子的眼光去看待问题,来理解孩子。父母应该知道,即使你的孩子非常聪明,你也不可以把他带到成人的世界里。孩子的想象力和创造力,不应该受到成人世界的约束。在他们慢慢成长的过程中,他们会让自己的思维变得更加符合实际,更加具有操作性。

3. 鼓励孩子独立探索

孩子需要的是探索事物的过程和探索后得出的经验,这个过程是谁也不能替代的,只能由孩子自己来完成。父母需要做的,就是在孩子探寻事物的过程中鼓励他,倾听他的想法,甚至和孩子一起进入到他的世界,和他一起去想象、去创造。

孩子时不时会产生一些大胆的想法,例如"想要自己孵一只小鸟""想要发明一个可以穿梭时光的隧道",等等。当他们把这些想法告诉父母的时候,父母不要觉得他的想法太过荒谬,要学会微笑着对他说:"哦,宝贝,你这个想法听上去真的很好啊!"

4. 让孩子感受到父母的认同

怎样保护孩子们的创造力是父母需要考虑的事情。实际上,父母只需要蹲下来,陪他一起玩游戏,聆听一下他心里的想法就足够了。孩子自己做了一件小手工或者是他画了一幅画,他第一个想法就是要拿给爸爸妈妈看,他需要的是表扬和肯定,而不是批评和不认同。

5. 不要打断孩子的表达

父母在倾听孩子心里想法的时候,要安静地听孩子说,然后再在适宜的时候给出你的想法和意见,让他知道你是在认真听。千万不要在中途把孩子的话打断,要让他按照自己的方法进行叙述。即使你觉得孩子说的话非常无聊和幼稚,也不要把你的这种想法表现在脸上。你要让他觉得你听得津津有味,还可以时不时地对他夸赞一下:"宝贝,你这个想法真是太棒了,你是怎么想出这么好的想法啊!"不要严厉地指责孩子的错误,相反应该和蔼地引导孩子。

让家里充满"快乐因子"

父母想把孩子培养成具有创造力的人,最关键的就是要保持家庭环境的和谐。孩子和父母相处的时间是最多的,要让孩子觉得自家的生活是无忧无虑的,为孩子创造一个开心愉快的家庭氛围。生长在和谐融洽、充满惊喜的环境中的孩子,创造力才能得到最大限度的自由发展。那么,父母应如何为孩子创造出和谐快乐的家庭氛围呢?

明明的父母刚刚结婚的时候,家庭和谐,生活幸福,后来有了明明,明明乖巧可爱,善于思考,总是动不动想出一些新点子,为家庭带来了很多欢乐。最重要的是,爸爸妈妈一有时间就会陪着明明一起玩游戏,在游戏中对明明进行引导和教育,转眼明明到了上学的年龄,调皮的明明每天都会向老师提出各种各样的问题,还时常动手做一些小模型,看着那些木块、塑料瓶在明明的手里变废为宝,街坊邻居都夸明明是个"小小发明家",将来一定很有出息。

但是随着明明的长大,明明的家庭也出现了这样那样的问题,爸爸妈妈都忙碌起来,再也没有时间陪明明一起玩了,特别是爸爸妈妈经常会为一些鸡毛蒜皮的小事吵架,家庭再也不像从前那样和谐、美好,小小年纪的明明也受到了很大的影响。他再也不像以前那么活跃,上课也不再积极踊跃地提问,更加不会制作小模型,每天上课的时候脑海里浮现的是爸爸妈妈吵架时的模样,原本一个快乐的孩子变得郁郁寡欢。

由此可见,父母的关系对孩子的成长有非常大的影响。那么父母要怎样做才能创造出和谐的家庭气氛呢?如何才能让孩子健康快乐地成长呢?

1. 父母要做一对和谐恩爱的夫妻

父母和谐、恩爱,家庭气氛融洽才能给孩子一个温馨的家,这对于任何孩子都是很渴望的。孩子每天只要能够看到父母的笑容,感受到父母对自己的爱就是快乐的。拥有巨大发展潜能的孩子是快乐的、心灵是自由的,这样他们才能把自己的思想和精力最大限度地运用到自己的学习、生活和兴趣上。父母的爱就是孩子停靠的港湾和前进的动力。假如父母每天都吵架,过得一点也不幸福,孩子也会觉得失望、沮丧、苦恼,还会感觉非常没有安全感,就更不用说快乐地发展了。

2. 让孩子自由发挥天性

孩子发展的空间是通过自由来实现的。父母需要做的其实非常简单,只要你们对孩子的爱、对孩子的关怀能够让孩子体会到,使他们感受到安全和稳定,孩子就能自由地发挥自己的天性,拥有愉快的心情和宽广的前景。

3. 营造一个轻松愉快的家庭氛围

这里说的轻松愉快并不是说不管教孩子、不指正他们的错误,实行放任的政策,而是说我们要把孩子天真烂漫的童心保留下来。父母是需要和孩子一同成长的,给时间让孩子玩耍,让孩子自由地发挥他们的想象力。甚至在孩子需要父母帮助的时候,父母把手里的工作放下,进到孩子的想象世界里面,陪孩子一起看童话故事,一起体会童话带来的美好世界。能够陪孩子一起玩,体会孩子天真无邪的天性,这对父母来说何尝不是一种幸福呢?

4. 多与孩子进行互动

除了和孩子一起玩游戏之外,父母还可以多鼓励孩子进行运动,例如可以带着孩子一起玩球、教他学习脚踏车、让他尝试游泳等。生命在于运动,多运动一方面可以锻炼孩子的体能,孩子们边学边玩,这样他们才会拥有足够的精力;另一方面,也能够让孩子变得更加开朗乐观。拥有充沛精力并且乐观向上的孩子,总会在日常的生活中发现不一样的东西。孩子了解到更多的运动知识,尝试了不同的实践活动,这将使他们更加快乐,而且思维还会进一步开拓,远见和视野也会更加开阔。

所以家长们不妨举办一次全家活动吧!让你的孩子去看一下郊外的景色,体会一下在水中的乐趣,体会一下在球场上奔跑的感觉。你要了解,孩子经历得越多思维就越开阔。

一个良好的家庭环境对孩子的成长是非常重要的,就像总是向着太阳生长的向日葵,正因为太阳的照耀,它才会有着黄金般的颜色,才会拥有饱满的精神。孩子们也是一样啊!如果他的生活环境充满了阳光,他就会渐渐成长为一个充满阳光的孩子。快乐的孩子必然是拥有愉快而奇特的人生旅途的。父母们,你们是否在为让你们的孩子有一个美好的未来而努力?一定要记得带孩子去体验快乐,为孩子创造一个和谐美满的生活环境。

让孩子多接触新事物

如果孩子对一件事情感到好奇,他们自然就会主动去探寻其中的奥秘。孩子只有对事物产生了好奇心,创造力才会被最大限度地激发出来,因此人们都说好奇心是创造力之母。那么父母要怎样把孩子的好奇心激发出来呢?那就得让孩子多接触一些新鲜的事物。假如孩子在日常生活中所接触到的事物都是他们已经了如指掌的,他们肯定会觉得很无趣。"熟悉的地方没有风景"就是这个道理。他们只对那些还不了解的事情产生好奇,他们总觉得在他们不知道的事情中包含着无穷的奥秘,于是他们的心就会充满了对事物的探索、开发的勇气。这样,在他们开始急切知的时候,自然就会激发出创造力了。

那么,父母应该如何帮助孩子去接触新鲜的事物呢?应该接触什么类型的新事物呢?看看下面的这个案例,也许你会从中得到启发。

在童童上小学的时候,他的父母为了把孩子的潜能开发出来,经常会让她接触一些对她来说很新鲜的事情。他们总会给童童买一些很有趣的书籍,还利用假期带童童去不同的地方旅游。有时候还会把孩子送到乡下的外婆家,让她去田地里亲自体验种菜和摘菜的过程。

童童很喜欢爸爸妈妈给自己安排的业余活动,她和别的小朋友不一样,不用去参加各种各样的课外辅导班,她可以尽情地享受自己的课余时间。童童经常还会一头钻进书里，畅游在那个充满神奇奥秘的世界里，那真的是太享受了！放假后她会跟着爸爸妈妈去不同的地方旅游，看兵马俑，看长城，听导游阿姨讲解它们的历史，这使童童增长了不少的见识。暑假住在外婆家，她在外婆家的菜地里面蹲着，把每种蔬菜的形状和颜色都观察得很仔细。听外婆讲这些蔬菜的生长习性，有时候甚至亲自播种和收菜……

逐渐地，童童变成了一个热爱思考和实践的孩子，对于从书中和现实中学习到的知识她总是会认真地咀嚼。最重要的一点就是，童童懂得了用怀疑的态度去看待问题，从来都不会把书本上的知识全盘接受，而是每件事都爱问个"为什么"。因此，她经常会受到老师的夸奖，表扬她既聪慧又灵巧。在上劳技课的时候，童童更是表现得非常出色，并且获得了许多同学的羡慕。

童童的父母给我们树立了一个合格的家长形象，他们知道如何把孩子的潜力开发出来，知道如何让孩子的视野更加开阔。事实上，让孩子多了解一些新鲜的事物不仅仅是多读书、多游玩，孩子不了解、不熟知的事情还有很多，父母要学会做个有心人。

当然，父母要学会使用技巧来让孩子接受新鲜的事物，如果把不经过选择的新事物一股脑地推给孩子，结果很可能会限制孩子的思维和发展。只有把路子找准、方法用对，才能使孩子对陌生事物和陌生环境产生强烈兴趣，为孩子创造力的培养做好铺垫。父母们都望子成龙、望女成凤，那么他们应该如何做呢？

1. 给孩子提供多样的平台

孩子不只是在学校才能学到新知识，聊天、游戏、参加各种实践活动及旅游等很多的方法都可以把孩子对新事物的兴趣培养起来，因此，父母应该提供更加全面的条件，让孩子接触新鲜的事物。

2. 不要过分要求文化课成绩

尤其是对于还处在低年级的孩子，假如父母只知道让他们学习，太注重学习成绩反而忽略了其他方面，这样做只会得不偿失。低年级的孩子更加具有创造力的潜质，因此，不要把孩子一直困在文化课学习的圈子里面，不要固执地认为孩子接触新鲜的事物会影响他们的学习。

3. 从小培养孩子的阅读习惯

学会根据孩子的年龄段来选择适合他们、能让他们产生兴趣的书籍，把孩子的阅读习惯从小培养起来。如果给低年级的孩子选择了不适合他们年龄的书籍，他们很可能会因为读不懂而失去探索新事物的动力；相反，把简单易懂的教材给高年级的孩子阅读，他们会觉得这本书太幼稚了，从而失去阅读的兴趣。假如孩子喜欢数学，就多给孩子买一些关于数学的书，父母要懂得因材施教，这样才会让孩子对一件新鲜的事物产生兴趣。

4. 多让孩子进行尝试

如果孩子看到别的小朋友在玩拼图，他对此产生了兴趣，父母也可以给他买一套，让孩子自己拼装，这对孩子创造力的激发是大有好处的。

5. 让孩子多接触大自然

大自然是孩子一直向往和渴望的领域，那里面有很多的奥秘等待孩子去发现。带着孩子多去接触一下大自然，能增加孩子对事物的好奇心和兴趣。达尔文为什么能够成为著名的生物学家呢？这和他在童年时经常接触大自然的经历有很大关系。

6. 让孩子习惯于写日记

很重要的一件事就是要让孩子养成写日记的习惯。让他们把自己对新事物的理解和感想写下来，这对他们进一步"研究"新事物是有很大帮助的。

人们都说：这世界并不缺少美，只是缺少发现美的眼睛。孩子的眼睛是最清澈明亮的，只有当他们发现新鲜事物的时候，才会把好奇心调动起来。有好奇心在，那么创造力的激发就不用愁了。

鼓励孩子说出自己的想法

妈妈们看到自家淘气的宝贝，经常会感到很苦恼，有的妈妈甚至会在孩子面前抱怨说："你看人家××多老实。"其实，孩子淘气说明他们的好奇心强，因为待在一个地方不能满足他们的好奇心，所以才会东瞅瞅、西看看。家长不要以自己的观点来看待问题，要学会询问孩子的想法。

一个小女孩在自家的地板上用彩笔画了一幅画，然后得意洋洋地把妈妈拉了过来说："妈妈，你看，这是我们的家，我们以后就住在这里好不好？"

妈妈看了看,觉得其他地方都能看得出来,只不过旁边有一条长长的粉红色线条让人觉得很费解。妈妈耐心地问道:"宝贝,这是什么啊?"

小女孩很认真地回答道:"妈妈,这是我们旁边的河流啊。"妈妈没想到,在孩子的脑海里,河流的颜色是粉色。不过妈妈并没有纠正孩子的话,反而故作吃惊地表扬她说:"哇,宝贝,你画得真棒,住在这样的房子里肯定很舒服,还有,希望我们宝贝长大以后可以找到一条粉色的河流哦!"在这位有心家长的赞叹声中,女儿始终保持着旺盛的"创造欲望",又萌生了很多新奇的想法。

其实,爸爸妈妈的一句鼓励,可能起不到太大的作用,但随着时间的推移和潜移默化的影响,孩子的创造欲望就会越来越高,越来越有发展前景。

一些生活实践表明,孩子对父母的意见言听计从,久而久之就会对父母产生很强的依赖性,致使他们遇到事情根本不能独立进行思考,总是显得手足无措。相对来说,那些平时喜欢对问题提出自己想法的孩子爱动脑筋,他们面对问题时会比较冷静,懂得如何运用自己的思维去解决问题。这样的孩子经过平时的训练,接触面广,大脑受到较多的刺激,把潜能激活了。因此,要给孩子留一些"不听话的自由",让孩子能够自由地把自己的看法表达出来,这对孩子创造力的提高是有很大好处的。

托伦斯基教授是美国明尼苏达大学的教育心理学家,他通过研究得出,有着丰富创造力的孩子大部分都有三个让人"讨厌"的特点:淘气、放荡不羁,不听从别人的话;不根据常理来做事;做事情很灵活,较幽默,不固执。

事实上,世界上很多民族在如何教育孩子的想法上基本上是相同的,都觉得创造力就是"破坏力","听话"就意味着在将来没有创造力。

美国总统尼克松写过一本名叫《领袖们》的书。他在书中写道:"中国的教育制度能够提供很好的教育给人们,但这就是中国没有自己的达尔文和爱因斯坦的主要原因。"因为把每个人教育得样样好、听话顺从就是中国的教育制度。把孩子从小就训练得十分驯服,不让他们有自己的见解,至于爱因斯坦所说的"离经叛道"是更加不允许的。这只能培养出千篇一律的守业型人才。

所以,父母要多鼓励孩子,让孩子学会相互讨论问题。这种方法可以提高孩子的处事能力。

首先,父母应该允许孩子"固执",因为那可能蕴含着他们的执着;应该鼓励孩子自由思考,这有助于培养孩子的创造力。美国科学家福克曼说过:

"固执和执着之间的区别非常微妙。如果你的想法成功了，每个人都说你非常执着、坚持不懈；如果你没有成功，人们就说你固执、顽固不化。"

其次，父母要是真心爱护自己的孩子，那就不要把孩子训练成只会顺从、不会反抗的"呆孩子"，应该多鼓励孩子有自己的见解和思维，培养出拥有创造力的孩子。

再次，父母在探讨事情的时候，应该适当地问一下孩子："你觉得怎么样呢？""你有什么想法吗？""你对于我们这样做有什么更好的建议吗？"鼓励孩子多表达自己的意见，能够把孩子的思维能力激发出来。

最后，孩子在表达自己的意见时，我们不要一下就反对孩子。即使孩子的意见是不正确的，家长也应该耐心地给他们说明、解释。只有这么做，孩子的思维才会训练得更具有创造力。

角色扮演游戏激发孩子创造力

怎样最大限度地开发孩子的创造潜能，让孩子成为创造型的人才，是每个家长十分关心的问题。要培养高创造力的孩子，方法有很多，其中做游戏就是一种充满快乐而又有效的方式。

对孩子来讲，游戏不仅是娱乐，更是一种学习。游戏具有虚构性、娱乐性和象征性，这些都符合孩子的思维特征。在家里或者幼儿园中，角色扮演游戏是孩子们最爱玩的游戏之一。在角色扮演游戏中，孩子可以借助现实中真实可以替代的材料，凭借自己的生活经验，再按照自己的意愿来模仿和扮演角色，并用自己的语言、动作和表情等创造性地再现周围的社会生活。角色扮演游戏是幼儿期典型的游戏形式。

在角色扮演游戏中，我们可能会看到这样的情景：宝宝抱着自己的小玩具有模有样地学着妈妈哄孩子睡觉，嘴里还唱着妈妈经常哄他睡觉时唱的歌曲；开了点心店的孩子因为没有顾客上门，开始主动上门推销，有的还送起了外卖。还有很多孩子的想法，让你永远也摸不透，每次玩角色扮演游戏，孩子们都会发现一些新鲜的元素，这就是他们创造力的体现。

另外，家长或老师不要把孩子玩的角色扮演游戏局限于过家家、开点心店、开商店等，也可以为孩子提出一些他们可能会感兴趣的主题。比如在某个游戏中，孩子喜欢上一件物品，可是自己却没有"钱"去买。为了得到自己心爱的东西，就会摇身一变成了"强盗"。这时那些被抢的孩子就会变得认真起来，赶紧跑到家长或者老师那里去告状。这时候家长就可以告诉孩子："自己想办法得到心爱的东西是一种值得提倡的做法，但是'强盗'是坏人，我们可以用别的方式，比如去附近的商铺打工，等挣到足够的'钱'就可以买心爱的东西啦。"由此可见，孩子的创造力需要家长和老师去引导，但是注意引导力度不要太大。

除此之外，要如何进行角色扮演游戏呢？

1. 克服模式化，发展创造力

在平时做游戏的时候，有些家长或老师在指导的过程中会存在成人化、功利化的倾向。家长和老师经常会用自己的意图代替孩子的意愿，把自己的意愿强加给孩子，过分追求游戏内容和替代物的真实性，忽视了孩子象征性行为的发展。如有的孩子把模型的雪花片向上抛或向下掷，家长或老师就会认为孩子不爱护玩具；有的孩子把家里的"钟表"拆了，大人们就会认为这是"破坏"行为。

显然大人的这种做法是不对的，那么我们要怎么引导孩子呢？这时候就需要大人们耐心地观察和了解孩子的意图，可以告诉他们，这些"雪花"还可以有别的用途，比如把"雪花"堆积起来就成了雪山，等到雪山慢慢融化就会变成水，从山上流下来就变成了河流。类似的做法能够帮助孩子充分发挥想象力和创造力。

2. 拓展游戏主题，为再创造做准备

孩子角色扮演游戏的主题内容经常是孩子所处的实际生活环境的反映，是孩子感知生活，或者经过孩子思维加工之后形成的生活经验的表现，所以孩子获得的生活经验是角色扮演游戏的主题内容的直接来源，在不同生活环境中的孩子会产生不同的主题内容。比如有的孩子喜欢扮演医生，而且在模仿打针的时候动作很逼真，这可能是因为他经常看到当医生的父母给别人看病的情景，所以，对各种医疗小器械的使用方法十分熟悉；而有的孩子在玩汽车时，嘴里会发出"呜——"的呼啸声，很可能是因为他最近坐过火车，或看到过类似的情景给他留下了深刻的印象，这样，他就会把坐火车的感受和经验用到开汽车上。总之，孩子角色扮演游戏的内容是生活经验的再现。人们要根据孩子思维的具体形象特点，鼓励孩子对现实生活进行模仿，孩子会根据角色的需要进行再次创造，这样可以提高孩子的创造

能力。

3. 自制游戏材料，培养创新意识

杨振宁教授曾经提出："在动手兴趣和能力方面，中国孩子要明显落后于欧洲国家和美国的孩子，这主要是因为孩子没有动手的机会。"动手实践机会和能力的缺乏，很大程度上阻碍了中国孩子创新素质的发展。因此，家长或老师可以组织孩子一起动手制作游戏材料。比如：孩子们新开的"商店"缺少商品，家长就可以鼓励孩子自己来制作商品"出售"。在制作过程中，可以先讨论要做什么商品，这时孩子就会想到各种各样超市出售的商品，选定之后再与孩子讨论制作的材料，孩子就会想到各种各样的材料，最后鼓励孩子发挥自己的想象力来制作商品。这时候大人们就会发现孩子可能会制作出意想不到的东西。另外，在游戏中使用替代物，也能充分发挥幼儿的想象。在游戏过程中，孩子对成品玩具或者大人制作的仿真玩具只有短暂的兴趣，大人们可以制作一些半成品让孩子来完成。

大人也可以把制作玩具所需要的材料，如橡皮泥、牙膏盒、冰棍棒、纸等放到特定的位置，让孩子自己去寻找，选择自己需要的各种物品。通过幼儿自己动手制作材料，可以促进孩子的想象力、创造力的发展，还能通过动手实践，让思维和想象变为现实，从而让孩子看到自己的创新成果，体验到自己动手创新的乐趣。在制作过程中，不仅可以培养孩子动手动脑的习惯和能力，还能提高孩子的创新能力，促进孩子创新意识的发展。

4. 采用内指导，拓宽创造空间

角色扮演游戏的开展，需要把家长或者老师的指导作用与孩子的主体积极性有机地结合起来。家长和老师可以作为孩子的游戏玩伴，与孩子一起进入游戏中，对孩子进行指导。这样虽然不能直接传达教育意图，但是更符合角色扮演游戏的特征和孩子们的意愿，这样做不仅体现了大人对孩子的尊重，还能让孩子在不知不觉间接受大人的影响。当家长或老师发现某个游戏主题情节过于单调、重复、缺少新意的时候，可以随机设计一些新的环节，引导孩子进一步开展游戏，推动游戏情节的发展，让游戏的内容更加有趣、富有创造性。如在情节单调的"医院"游戏中，家长可以扮演探病者为"病人送花"，这样就又产生了"花店"的主题，就有孩子要扮演花店的老板了；或者在气氛平淡的"动物园"，以其他动物园园长的身份给孩子的动物园送去两只企鹅，并告诉孩子企鹅会表演。这样就能让孩子在角色扮演游戏

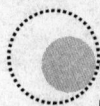

中不断地变换角色,把自己的想象力和创造力发挥得淋漓尽致,从而拓展孩子游戏的创作空间。

角色扮演游戏是孩子自发的一种游戏方式,它是一种给孩子带来快乐、满足孩子需要和愿望的游戏行为。游戏为孩子创造了发展空间,他们在游戏中的表现往往超出自己的实际年龄,并高于日常生活中的表现,游戏就像是放大镜的焦点,能够凝聚和孕育发展的所有趋向。它可以让孩子在游戏中收获快乐,培养各方面的能力。在游戏中,孩子可以不受年龄、时间、物质、身份等条件的限制,自主地完成整个活动,充分发挥自己的想象力和创造力。

第三章

"动手"能力强的孩子才会有创造力

动手是培养创造力的开始

想要孩子变得更加聪明，作为家长，就要注意培养孩子的动手能力。很多科学家和发明家都具有很强的动手能力，他们之所以取得如此大的成就，很重要的一方面是因为他们拥有超强的动手能力。著名的儿童教育专家陈鹤琴先生曾经说过这样一句话："只要是孩子可以想到的，就要让他们尽情地去想；只要是孩子可以凭借自己的能力做到的，就要让他们自己动手去做。"只有通过这样的方式教育孩子，才能够培养孩子独立思考的能力。

岩岩是一个十分聪明好动的孩子，他很小的时候就对色彩和声音非常敏感。在四五个月大的时候，父母用彩色的玩具吸引他，他就会咯咯地乐。五六岁的时候，他就能将积木搭成很多别的孩子搭不出来的形状。但是岩岩的爸爸妈妈并不喜欢这样好动的岩岩，他们希望岩岩可以安静下来，像一个小绅士一样，于是在岩岩5岁的时候就教他认字，并且还请了专门的钢琴老师教他弹钢琴。不过岩岩就是坐不住，扭来扭去，一不留神就溜出去钻研他的积木和小飞机了。

六七岁的时候，有一次他将爸爸新给他买的玩具火车拆了，零件散落一地。结果妈妈看到后数落了他好几天。其实爸爸妈妈不知道，岩岩就是想试一试玩具汽车和玩具火车的马达可不可以调换使用。

上了小学的岩岩更是喜欢上了科技自然课和劳动课。科技自然课上老师总是做一些新奇的实验，而劳动课上老师会发一个材料袋，里面小零件应有尽有，可以让岩岩亲手做出很多东西来。但是爸爸妈妈反对他将更多的精力放在这上面，他们觉得，数学、语文、英语这些主要课程才是岩岩应该努力掌握的。

后来，岩岩的很多行为都受到了爸爸妈妈的限制，渐渐地，他也不再去尝试了。

我们应该明白，动手能力对于孩子是多么重要。可以说，动手是培养创造力的开始。而对于每一位家长来说，保护孩子的动手能力绝对不仅仅是说说那样简单，身为孩子的父母，不但要对孩子有深刻的了解，还要不断地启发孩子自己动手动脑，自己找寻问题的答案。

苏霍姆林斯基是苏联有名的教育家，他曾经说过这样的话："孩子的智慧是存在于手指尖之上的。"这句话非常深刻地说明了智力的发展和手指之间的关系。

手指上布满神经,大概有 20 多万的神经细胞是分布在手指上的,人体躯干上面分布的细胞只有 50 万个。大拇指在人脑运动区里占有的面积相当于一条腿的 10 倍。手指每时每刻都会将各种信息传递给大脑,大脑对于手指传送的信息进行加工处理之后,又会不停地发送出各种命令。在手指不断运动时,是需要听觉和视觉这些器官进行配合的,因此手指的运动对于听觉、视觉、大脑这些器官而言,是一种有益的刺激。

让孩子喜欢玩游戏,这不但让孩子拥有一双灵巧的手指,还可在一定程度上促进孩子大脑的生长,因此很多教育学家与心理专家都将孩子的动手能力当作衡量孩子创造能力的重要指标之一。

如何培养孩子的动手能力

培养孩子的动手能力是提高孩子创造力的关键,许多创新的想法必须通过操作和实践才能够最终完善并且成为现实。创新和发明离不开实践能力和操作能力,父母必须通过从小加强孩子动手能力的锻炼和培养,让孩子勤于动手、主动动手,在动手和实践中形成创造力。

有些孩子对色彩比较敏感,他们很早就可以握住画笔,按自己的意图画出喜欢的动物、花、草和小房子;有些孩子对书法感兴趣,泼墨挥毫,像模像样……当孩子画出自己的第一幅画、写出第一个字时,家长要懂得欣赏,给予适当的褒奖,因为那是孩子第一次用双手展示自己的世界。

当然,因为孩子年纪小,所以有些家长总是担心他们受伤,担心他们弄脏了地板和墙面。然而,家长们只看到事情消极的一面,却没有注意到孩子在这些"令人头疼"的事件中所展示出的才华。

家长们为孩子的胡闹、调皮而头疼,因为怕麻烦而不给孩子锻炼的机会,殊不知,这却在无形之中扼杀了孩子的艺术创造力。给予孩子"创作空间"是必要的。对于小手灵活的孩子,家长不妨多创造一些机会,让孩子尽情施展自己的创造力和想象力。

例如,家长可以给对写字有兴趣的孩子买一支漂亮的毛笔,说不定那就是孩子成为书法家的钥匙;家长可以给指尖触感灵敏的孩子购置一架钢琴或电子琴,说不定没有几年他就会奏出曼妙的乐章。当然,在给予孩子机会的同时,只要孩子有些许进步,家长应该夸奖,因为来自亲人的夸奖往往会成为孩子的积极暗示。

所有的这些美好的愿望都不仅仅是梦想,只要作为家长的你能够尊重孩子的意愿,不要在他动手练习的时候,出于某种"关心"而加以阻止,相信不久的将来,你的宝贝一定能够成为一个不一样的、拥有独特创造能力的"天才"。

鼓励孩子完成自己的创意

孩子上学的时候,分数就变成了生活的主旋律,为了全力支持孩子的学业,父母将孩子的一切时间都安排得满满当当。殊不知,这样做的结果是白白浪费了培养孩子动手能力的黄金时机。事实上,眼过千遍,也不如经手一遍,告诫孩子切不可眼高手低。并非心灵才会手巧,而是因为手巧才更聪明。手巧的孩子思维敏捷、思路开阔、逻辑清晰,大脑的潜能发挥得极其充分,在学习和生活中更加具有创造能力。家长朋友们,请为孩子的将来考虑,不要剥夺孩子的动手能力,让孩子动起来吧!

其实生活中的创意无处不在,就看父母是不是能够正确地进行引导了。有时,给孩子一支画笔,或是让他们制作一个小小的工艺品,或是动手雕刻一个小作品,这些都可以通过鼓励孩子自己动手获得创意。生活中存在许多有趣的事情,父母都可以鼓励孩子自己动手制作,让他充分按照自己的意愿来创作,这样一来,孩子的创意就会滚滚而来。

在婷婷还是一个小孩子的时候,妈妈就已经开始培养她在游戏中学习,以此来锻炼她的动手能力。

妈妈喜欢给婷婷一些小玩意,让她自己动手制作。比如妈妈经常买来各种颜色的橡皮泥,和婷婷一起捏出各种各样的图案。有时候会制作一个充满魔力的小仙女,有时候是一个悬挂在彩虹上的七彩房子,有时候是无所不能的机器人……

婷婷乐此不疲地在妈妈的陪伴下创造着属于自己的世界。在这样的训练中,婷婷逐渐变得活泼开朗起来,思路也因此灵活了许多,变成了一个充满创意的孩子! 后来婷婷之所以可以顺利地被 4 所世界"明星大学"录取并且申请到全额奖学金,与她的妈妈独特的教育方式是密切相关的。

婷婷的妈妈是这样认为的:如今的许多孩子被自己的父母娇宠、溺爱,孩子本身是活泼好动的,任何事情都想要自己动手,自己去尝试一下,这原本就是一个充满乐趣的过程,但是父母却总是放心不下,这也不许,那也不准,这样孩子就会变得越来越依赖自己的父母,而且他们也很难体会到自己动手的乐趣,因此缺乏创造力就不足为奇了。

孩子优良品质的培养、天赋智能的开发在很大程度上都要依靠实践。让孩子依照自己的意愿,亲自动手,可以促进智力与各方面才能的发展,更加有助于孩子的健康成长。实践证明,动手能力强的儿童,通常思维敏捷,头脑灵活,富有创造性,聪明能干,并且具有强烈的进取精神与很强的创造力,比其他人更容易适应各种学习环境与生活环境。

下面我们就为父母们出出主意,提几条可以鼓励孩子动手、培养孩子创意的建议。

1. 为孩子创造一定的条件

例如在桌上摆放一些漂亮的蜡笔、小小的手工刀与彩纸,这样会更加方便孩子在灵感到来的时候随时动手进行创作。

2. 鼓励孩子去做

作为父母,应该鼓励孩子进行手工和画画,或者完成任何有助于开发创造力的任务,可以给孩子某些奖励,这样有助于"诱使"孩子自己动手进行创作。

3. 及时对孩子进行表扬

即便他仅仅是随笔涂鸦,你也要这样告诉孩子:"你做得很棒!"相信很快你就会发现,孩子在做事情的时候会变得更积极一些。

4. 在孩子的作品中发现创意

例如搭积木,不同的孩子会搭出不同的样子,因此,身为父母,应该善于发现自己孩子的独到之处,并且找到开发其智能的着力点。

5. 巧妙利用孩子的心理

父母不应该强迫他去做任何事情,而是要用积极的方式引导、鼓励他去做。父母还可以和孩子一同完成某项任务,进而起到启迪、示范的作用,如此,孩子的积极性被调动起来,父母们也就不再发愁他不肯做事了。

总之,聪明的孩子是可以慢慢培养的,关键就在于父母是否对其进行了恰当的引导,一支画笔、一件工艺品、一个雕刻作品,都可以称之为创意,重要的是孩子应该自己动手去做。

让孩子尝试挑战难度

父母为了保护自己的孩子,总是希望留给他们最简单的事情。但事实上这并不是教育孩子的最好方法。根据专家的研究,一般孩子都喜欢挑战对他们来说比较艰难的事情,这样更能激发他们的求知欲望。所以父母在教育孩子的过程中应该为孩子设置难题,让孩子面临挑战,锻炼孩子做大事的能力,若是一味地让他们接触简单的事物,他们永远没有办法成熟起来。因此,在经历过一系列的筹划工作之后,父母就要把孩子推向模拟的竞技场,让他们自己完成挑战,为将来适应社会的激烈竞争做准备。只有如此,当孩子迈入社会,面对更大的挑战的时候,才会面无惧色,勇往直前,从容不迫地将自己的创造能力发挥出来。

有一位伟人曾经说过:"风物长宜放眼量。"这句话告诫我们在培养孩子时,不应该将眼光放在当下,放在短期。孩子以后要走的路还非常长,他们会遇到很多的荆棘与坎坷。若是孩子不具备"筚路蓝缕,以启山林"的精神,不具备大敌当前面无惧色的气度,那么恐怕之后的人生就不会十分顺利。因此父母在教育孩子的时候,一定要注意从小抓起,在孩子还没有遭受挫折的时候,就放手让他们迎接挑战,处理那些难度较大的事情,锻炼其心智与能力,让他们的综合素质在锻炼中不断提高。这样一来,当这些雏鸟真真正正被放逐天际的时候,才不会变成出笼的金丝雀,他们会成为搏击长空的雄鹰,可以十分坦然地面对疾风骤雨。

草原是家里的独子,在家里的地位堪比"皇帝",无论想做什么,绝对没有人敢说什么。平时在家,爸爸妈妈更是对其宠爱有加,舍不得让宝贝受半点委屈,更舍不得让他吃苦。但是很快,草原的妈妈就因为一件小事改变了自己的做法。

那天,草原和小区里其他几个孩子一起玩。其中一个小朋友发现,小区路面的一个井盖不知道被谁打开了,就那样敞开着,白天还好,到了晚上，行人稍不注意，很可能就会掉下去了。于是几个小朋友便聚在一起商量，看看用什么样的方法才能将井盖盖好。

小朋友们都围在一起出主意，有的说几个人一起将井盖抬起来，把井盖上；有的人说可以在路边立一个大大的牌子，提醒过路的人；还有的人想到用一个木棍，插进井盖的下面，将其撬起来，然后慢慢移动盖到井上……

几个小朋友说得火热，但草原却站在旁边一动不动。听完小朋友们的办法，草原说道："不用那么麻烦，我回家叫我爸，他有力气，能搬得动井盖。"

回家之后，草原将事情告诉了妈妈，妈妈问他为什么不和小朋友一起想办法？草原一本正经地说："这些事哪用得着我动手，爸爸能解决。"

听完这句话，草原的妈妈才知道自己错在了哪里。都是因为大人的溺爱，让孩子懒得想办法，遇到任何事情，最先想到的就是找爸爸妈妈。这样的孩子怎么能够拥有创造力，将来又怎么成才啊。从此，草原的父母学会了放手，遇到任何困难都是让孩子自己尝试着解决，除非孩子真的无能为力，爸爸妈妈才会在一旁指点，再也不会像以前一样大包大揽。

这个故事告诉我们，放手让孩子去接受挑战、应对难题是锻炼孩子最好的方式。或许下面提供的几种方法会对父母们产生些许启发。

第一，相对简单的事情可以调动孩子的兴趣，相对具有难度的事情可以锻炼孩子的能力，父母们在锻炼孩子的时候应该遵循循序渐进的原则。

第二，每一个父母都应该变成独具匠心的设计师，为自己的孩子设计出不同挑战与难度系数较大的任务，让他们去完成。父母们可以采用鼓励、物质诱惑等方式，或者像刘墉那样"欺骗""强迫"孩子去做。

第三，首先应该教导孩子学会潜心观察事物运行的规律，然后再把他推到挑战面前。这样他们在面对挑战的时候就会更加从容。

第四，帮助孩子掌握解决问题的技巧。对待比较难的问题，要引导孩子勤于思考，善于解决。这样就更加有助于孩子创造力的开发，并能帮助他把创造力运用于现实问题的解决当中。

第五，要教会孩子用正确的方法处理问题。因为在开始解决难题的时候，失败总是不可避免的，在父母的引导下，要让孩子具备不骄不馁、宠辱不惊的人生态度,还要让他学会在失败中找寻原因的方法。

第六,认真告诉孩子想要一览众山小,就需要不断向上,坚持不懈,培养他不断奋进的人生理念。

总之,温室中不会培养出凌寒怒放的梅花。没有哪一个孩子能够不经历挑战就可以随随便便成功。父母们想要激发出孩子身上的创造性潜力,就要先放手,让他接受挑战,面对难题。

鼓励孩子发明创造

天文望远镜的发明起源于一个孩子的发现。那是一个眼镜匠的儿子,他在无意中拿起两块镜片比画着看,却发现对面教堂尖顶上的方向标变得又大又清楚,他高兴地将这个消息告诉了父亲,而他的父亲根据孩子的发现制造出了玩具望远镜。这个想法启发了伽利略,他据此发明了天文望远镜,成为使用望远镜观测天体的第一人。

看,这个世界真的很奇妙,一项伟大的发明居然只源于一个孩童的神奇发现,由此可见,孩子的眼睛是多么明亮,思维是多么灵活,在他们的小脑袋里,时刻都燃烧着创造力的火焰!人类依靠创造力让这个世界发生了改变。爱迪生利用电流的热效应发明了电灯,照亮了整个世界;瓦特通过观察沸腾的水的蒸汽顶开壶盖发明了蒸汽机,带动了第一次工业革命;电脑的发明,让人类的效率达到前所未有的高度……这些发明都源于发明家们的创造力,他们用这些发明创造改变了整个人类的面貌,体现了创造力的神奇。

有一个小男孩,在他很小的时候,父母就给他买了很多书,他被书中提到的那些发明家的故事深深吸引。后来,他在老师与父母的精心辅导下经常搞一些小制作、小发明,并且多次在区、市小发明比赛中获奖。时间一久,他就养成了一个习惯,在生活中不断观察并且搞一些小发明。

他所发明的"双尖绣花针"荣获了中国发明协会颁发的专项奖——金牌奖。这种针的两头是尖的,针眼在针的中部,在使用这种绣花针的时候,每绣一针的动作只需要"扎下—扎出—拉直线",不需要再翻腕调换针头的方向,大大节省了手部的力量。而且扎下拔针后就立刻可以从上一个针头旁拔出来,方便了从反面扎出时的针定位。通过以上的改进可以大大提高刺绣速度与质量,从而减轻了劳动强度。

发明"双尖绣花针"的想法来自于他的姑姑,他的姑姑是一名湘绣工人。在他 10 岁的那一年,偶然见到姑姑在一个很大的绷面上绣花的时候,双手分工合作,一只手在绷面上,另一只手在绷面下。每绣一针,要完成这些工序:扎下—拉直线—翻手—针尖调向—扎上—拉直线—翻手—针尖调向—第二针再扎下……如此这样不停地绣着,直到把几个很大很明显的图案绣完。他的姑姑说:"这样绣起来简直太累了,时间一长,两只手腕又酸又疼。"从那个时候他就产生了发明不翻腕针的想法。后来他从渔民织网的梭子中得到很大的启发,终于发明了双头针。

故事中的小主人公就是著名的小发明家王帆。应该这样说,王帆的姑姑遇到的这种事情很多人都遇到过,但却都习以为常,而一个 10 岁的小男孩却从中找到了发明的契机。

由此可见,创新根本就不受年龄的限制,也没有时间的限制,在平常的事物中一样可以找到创造的种子。王帆在小时候经常进行一些发明创造活动,让他形成了一个很好的习惯,每一次想问题的出发点是小发明,观察生活的目的也是小发明,让他的思维已经充满了创新的意识,因此当他见到姑姑面对的困难时自然就想到通过发明解决问题。

经常进行发明有利于孩子创新性思维的培养,从而提高孩子的创造力,那么,具体而言,父母应该做些什么呢?

1. 为孩子设置一个"家庭创造发明奖"

每当孩子完成一项发明的时候,就由父母做出裁决,给孩子颁奖。设置好奖项,根据孩子发明的质量与创新度颁发奖励。

2. 培养孩子的创造力

思想指导行动,若是没有创新的意识,是不可能进行发明和创造的。因此,孩子首先要具备独立思考的能力,父母应该在平时的锻炼中就培养孩子的独立能力,不让孩子过多地依赖,让孩子养成独立思考的好习惯,为发明创造活动做好铺垫。

3. 给孩子准备充足的材料

孩子有了发明创造的想法时,父母应该全力支持,为孩子准备必要的材料,满足孩子的发明的需要,平时也要给孩子准备书籍,补充孩子的知识,为孩子进行发明打下物质与理论基础。

4. 正确看待孩子的"研究行为"

有时孩子会在发明创造之前进行一些准备工作，例如从垃圾桶里面淘出一些"宝贝"来，这时，父母应该尊重孩子的行为，甚至应该帮助孩子翻垃圾桶。这样，孩子的行为得到了肯定，受到很大激励，搞发明的积极性就会得到很大的提高。

5. 鼓励孩子参加学校的兴趣小组

学校经常会组织一些兴趣小组，在这个兴趣小组里，同学之间互相交流，对于提高孩子的创造力有很大的帮助。

总之，只要条件允许，父母可以在精神、技术、物质等多个方面对孩子的创造发明进行支持，长久地坚持下去，孩子的逻辑分析能力、创造能力与动手能力都会在一定程度上有所提高。

孩子需要实践

近些年来，美国风行一种"木匠教学法"。老师给孩子们木块与量尺，让他们去量一块木头的长、宽、高，之后再拼造出一些简单的物体。

"木匠教学法"之所以如此成功，就是让孩子们处在一种具体的操作之中，极大地锻炼了孩子们发现问题与亲手解决问题的能力。比较之下，我国的填鸭式教育就显得逊色多了。这种教育方式往往只注重孩子对于知识的掌握和积累，老师在课堂上将知识和概念塞给学生，通过例题的讲解，让学生照本宣科，用同样的方法去解决类似的题目。学生在这样的练习过程中，知识得到了巩固，却逐渐失去了创新思考的能力；同时，学生整日被关闭在校园里，思路也总是集中在所学的知识上，没有新鲜的思想注入，想要创新，何其难啊！

对比中美教育，我们可以看出，自己动手实践是提高创新能力的有效途径，特别是在我国教育缺乏实践环节的情况下，身为父母，应该鼓励孩子积极参加各种实践活动，以此来提高孩子的创造力。

玲玲是一个十分聪明的孩子，但是性格内向。虽然她的声音十分悦耳，唱歌十分好听，却不敢在众人面前表现；喜欢动手做事，还跟着妈妈学习了几道拿手好菜，却不敢在众人面前露一手。

玲玲因为性格内向,在学校很少与同学们进行交流,老师也说她总是融入不到同学中,学习上出现什么问题也不与同学交流。有次,学校组织同学们到敬老院做义工,自愿报名,玲玲本不想去,但是在妈妈的催促下,玲玲还是去了。

到了敬老院,玲玲见到那些老人无人照顾,就主动和老人进行交流,还给他们唱歌,到了吃饭的时间,玲玲还做了一道拿手菜,老人与同学们都对玲玲的歌声赞不绝口。这让玲玲的自信心大增,性格也开朗了许多,也让她看到了社会中弱势群体的无助。

回到学校后,她写了一篇倡议书,呼吁同学们多关心这些弱势群体。而玲玲自己,自从这次实践活动之后,经常以身作则,组织同学们去敬老院、聋哑学校等地方看望老人和孩子。汶川地震发生后,玲玲号召同学们为灾区捐献自己的一份力量,还和同学们一起拿着宣传画册,抱着募捐箱,为灾区的孩子们募捐。

玲玲的这些行为备受同学和老师的好评,小学毕业时她获得了"省级优秀学生"的荣誉称号。

玲玲的故事充分说明了实践的重要性,那次社会实践之后,玲玲了解到了从前从来没有了解到的东西,开阔了自己的眼界,并且因此改变了自己的性格,逐渐成为了一个有责任心的人,锻炼了自己的实践能力和创新精神。创新不仅是发明创造,思维的改变也是创新;孩子责任心提高了,做了之前从来没有做过的事情也是一种创新。

社会实践活动为孩子创新品质的形成提供了宽松、自由的空间,不再受到任何知识体系的限制。在社会实践的过程中,孩子扮演着主动者的角色,自己发现问题、自己设计方案、最后自己解决问题,使得创造力得到了很大的提升,同时可以增强他们融入社会的能力,学到了很多在学校学不到的东西。

作为家长,应该多鼓励自己的孩子参加社会实践,不只是需要,更应是必要。在这里,给父母提一些建议。

1. 鼓励孩子迈出第一步

孩子长期在父母的关怀中成长,因此,他们对于社会感到十分陌生,甚至有些恐惧,这个时候就需要父母发挥作用了。正所谓"万事开头难",父母应该给孩子以鼓励,让他们勇敢地迈出第一步。就像故事中的主人公玲玲,若是没有妈妈的鼓励,玲玲就不可能走出社会实践的第一步,也就不会有之后的一切。

2.培养孩子的社交能力

参加社会实践首先应该懂得与人进行交流,因此,社交能力决定着社会实践活动是否可以顺利进行。父母在平时应该多教给孩子一些社交技巧方面的知识,让孩子在参加社会实践活动以及与他人交流的时候可以做到左右逢源。

3.让孩子养成记录的习惯

其实,每一次实践都记录着孩子的成长,在孩子实践活动结束之后,父母应该让孩子记录此次实践活动的经过,并且认真思考,总结经验与不足,争取下次参加实践活动时可以做得更好。

陶行知说过:"解放儿童的大脑,使他们能想;解放儿童的双手,使他们能干;解放儿童的眼睛,使他们能看;解放儿童的空间,使他们接触自然,接触社会;解放儿童的时间,不能把儿童的空间排满。"所以,父母应该为孩子提供更多的机会,让孩子积极参加社会活动,逐渐在孩子的脑海里树立起主人翁的意识,让孩子敢于思考,勤于动手。

培养孩子的变通能力

变通能力主要是指人在外部环境发生改变的时候能够使自己的行为或思想做出相应的改变。这种反应有时候是一种本能反应,有时候需要经过严密思考之后才能做出更为正确的决策。对于孩子而言,这种变通能力是必要的,因为只有当孩子具备了这种能力时,他们才可以及时地调整自己对待事物的策略,在遇到困难的时候才能在最短的时间内做出有效的决策,让自己的创造能力在短时间内最大限度地发挥出来。因此,家长对孩子的训练应该有目的性,让孩子在学会变通的同时锻炼自己的思维。要知道,活跃的思维是培养创造力最关键的因素、最为坚实的基础。

思维灵活的孩子一般不会走进死胡同,一条路行不通,他们会换一条路去走。这些孩子懂得利用自己的创新思维与独特眼光另辟蹊径;遇到棘手的事情的时候,他们懂得开阔自己的思维进行多角度思考,寻找一个最容易的突破口。应变能力与创造力之间具有千丝万缕的联系,只有懂得应变,创造力才会得到开发。自古以来,中国人就经常说这样一句话,"穷则变,变则通",认为只有遇到事情懂得变通的人才能显达。由此可见,培养孩子的应变能力已经变成了刻不容缓的事情。

有一次,司马光与几个小伙伴们在后院玩耍。院子中有一口大水缸,有一个顽皮的小孩竟然爬到缸沿上手舞足蹈,一不小心,掉进了盛满水的大水缸里面。缸大水深,眼看那个孩子就快要没顶了。别的孩子一见出了事,吓得边哭边喊,跑到外面找大人求救。此时,司马光急中生智,在地上捡起一块大石头,使劲向水缸砸去。"砰!"水缸破了,缸里的水流了出来,被淹在水里的小孩也得救了。

这个故事告诉我们,应变能力不但是人必须具备的生存技能,也是进行创造力开发的前提。以下几点可以培养和训练孩子的应变能力。

1. 为孩子提供机会参加富有挑战性的活动

紧张刺激的活动可以培养孩子的应变思维。活动中的很多细节可以在很大程度上培养孩子的应变能力,孩子在身临其境中得到锻炼。让孩子参加训练营的探险活动、大型的智力竞赛等都是不错的选择。

2. 教会孩子怎样处理突发事件

在生活中总是会有这样那样的突发事件发生,即便我们遇不到,电视里、收音机里每天都在报道某地又遭遇了什么事件,而父母恰好可以利用这些实例教导孩子怎样处理这些突发事件,在孩子真正面临意外的时候,这些情景教育就变得重要了。

果果的爸爸十分注重对果果应变能力的培养,周末在家的时候会教果果使用灭火器,而果果也学得不亦乐乎,此时,妈妈总是漫不经心地说:"孩子还小,不用的。"爸爸很认真地说:"这是生存必备。"

事情真的发生了。

有一天,果果的爸爸妈妈去参加聚会了,只有果果和奶奶两个人在家,小果果吵着肚子饿,于是奶奶下厨房为果果煮面吃,刚刚将锅放在煤火上,此时,电话铃响了,奶奶便到客厅接电话,聊着聊着就忘记了厨房的事情。奶奶先是闻到了一股味道,过了半分钟的时间,只见厨房里泛起红彤彤的火光,奶奶看到这一幕,惊慌失措,大叫起来,奇怪的是,果果从房间里跑出来,看到厨房惊险的场面竟然没有被吓哭,反而若有所思,然后使劲拽着奶奶的衣角,打开门用手指着楼道里的灭火器。奶奶也顾不得多想,像是抓住了救命稻草一样,几个箭步就将灭火器抓到了手里,一场火灾就这样避免了。

果果的爸爸十分重视培养孩子应对突发事件的能力,这样果果在遇到火灾时才能及时想到应对措施。若是他没有教给果果怎样使用灭火器,那么当果果看到火之后即便会立刻拨打求救电话,时间也会因此拖延,火势就会变得越来越大,果果家的损失就会更大;相反,由于爸爸之前的教诲,果果学会了怎样面对火灾,她心里对这个紧急情况有把握,心态自然就比较放松了,处理起来也就得心应手。果果的方法简单有效,其实全都归功于爸爸在日常生活中对她的引导。

其实,我们在新闻报道中看到的突发事件又何止火灾呢?地震、水灾、塌方、抢劫等突发性事件不胜枚举,父母在接触这类事件的时候,可以对这些事件做出具体的分析与引导,有效地引导孩子思考应对措施。万一孩子在某一天遇到类似的情况时,他的脑海里面就会浮现出父母平时对他的教诲,也就不会那么慌张,从而可以在第一时间内做出应对,把伤害与危险降到最低,这比任何救星都要来得及时。

锻炼孩子的自理能力

自理能力是一个孩子必须具备的能力,同时也是培养孩子创造力的一个有效途径。身为孩子的父母,应注重对孩子自理能力的培养,这是孩子的生存之道,更是培养孩子创造力的重要方面。随着家庭生活水平的逐渐提高,现在的孩子普遍生活自理能力较差,从而严重影响了孩子创造力的发挥。

茅以升从小家境贫寒,因此很早就养成了独立自主的性格,无论什么事情都要自己做,除非特别必要,否则绝对不让爸爸妈妈帮忙。不仅如此,他还是一个想象力丰富、对任何事情都充满好奇心的孩子。

在茅以升7岁那年的元宵节,爸爸决定带他一起去看灯。他拉着爸爸的手来到街上,被热闹的景象惊呆了,尤其是那些转着圈的走马灯更是让他喜不自胜。他总想伸出手去摸摸那不停转动的花灯,却被父亲制止了。他不情愿地收回手,心里暗暗下定决心,回家要做一个比这更好看的灯。

7岁的茅以升觉得很委屈，刚回家就眼含泪花将这件事告诉了妈妈。爸爸得知儿子的想法，和蔼地说道："不要哭，明天爸爸和你一起做。"

茅以升什么话都没有说，默默地走出爸爸妈妈的房间，然后从厨房找来了家里所有的蜡烛和纸张，一遍又一遍地模拟走马灯的样子。可是不知道为什么，纸不是被烧着了就是转不起来。

这时爸爸走了进来，看到儿子已经动手在做了，就想上前帮忙，但茅以升拒绝了爸爸的帮助。他坚定地告诉爸爸："爸爸，我想独自做自己的事，这件事也一样。"爸爸开心地点点头。茅以升再次坐下，认真地研究起来，经过无数次试验，终于做出了一个满意的花灯。

上面的例子告诉我们：茅以升正是由于从小锻炼才培养了这种独立自主的性格。所以说，让孩子学会自理是一门必修课程。若是父母为了将孩子培养成为一个天才而走捷径，那么会在很大程度上造成孩子的人生根基不牢固，总有一天会影响他的发展。

现在的孩子大多数都是独生子女，凡事都过分依赖自己的父母，长期下来自理能力就变得越来越差，这当然与父母们的娇纵与溺爱是分不开的，而这种现象的蔓延，又会导致孩子自信心与独立性变差，从而影响到孩子创造能力的形成与发展。因此，想要让孩子自立，就要首先让他们学会自理。

具备最基本的生活自理能力，是孩子创造力得以发挥的基础。因此，要想培养孩子自主创造的能力，父母就应该从源头开始，重点培养孩子的自理能力。而且，自理可以帮助孩子实现自我管制，进一步促进孩子创造力的开发。

包容孩子的"破坏力"

孩子的"破坏性"举动是不是令你感到头疼不已？家里的东西是不是总被拆得零零碎碎？你是不是觉得孩子就是个"破坏大王"？如果是这样，先不要着急，可能你的孩子身上有着创造性的资质。

华华是一个很乖巧的女孩。在学习和生活上她都十分自觉和认真，从来都不会违背父母的意见。有这样一个懂事听话的女儿，她的父母都因此感到欣慰。

前不久,因为华华学习非常优异,学校选她为学生代表参加日本的夏令营活动。但是这次活动却发生了很多让华华感到手足无措的事情。例如:老师每次提问,各个国家的孩子都争着回答问题,他们的答案五花八门,但是华华的答案却非常死板,全部都是根据课本上的知识来回答的;在上手工活动课的时候,老师让每位同学做一个小发明交上来,日本的同学做出了一个不烫手的水杯,美国的同学做出了一个能够两用的台灯,斯里兰卡的同学给抽水马桶做了一个特别的踏板……但是华华却什么都做不出来,这把她急得满头大汗。

问题到底出在哪里呢?华华实在想不明白。从小,父母让做的事她一定做好,父母不让做的事情她一概不做,是个非常听话的好孩子。在课堂上,她也是最认真的学生,黑板上所有的字都会抄下来,老师讲的任何知识点都不会放过。但是,为什么会有这种情况出现呢?

实际上,华华的父母忽视了最重要的一点,那就是:要让孩子做一些自己想做的事情,这样才能培养他们的创造能力。

在华华童年的时候,有一次,她的姑姑送给她一只可爱的电动玩具狗,她很好奇,到底是什么东西才会让这只假的狗狗发出"汪汪"的声音,于是华华就把玩具狗拆开了。但是她的这种"破坏性"举动被父母看见了,他们大声地训斥了她,并且告诉她以后不许这样对待家里面的东西,否则就会受到惩罚。

这是多么悲哀的事情啊!本来是一个充满潜力的孩子,但是父母的责骂和训斥让她停止了富含创造力的行为,她的思维被禁锢了,创新的能力也失去了。如果家长允许女儿把那只玩具狗拆开,接着适当地指引着女儿去观察玩具狗的内部结构,引导着女儿去探寻里面的奇妙之处,那么现在,他们的女儿大概就会成为一个充满想象力和创造力的孩子,能够冒出许许多多的灵感。

如果你想培养出一个充满创造力的孩子,那么,在面对孩子的"破坏性"的行为举止的时候,父母们要关注以下几点。

1. 弄明白孩子的意图

如果你看见孩子想要把什么东西拆开,请不要认为这是孩子在搞破坏,要先弄明白孩子的意图:"小家伙,你想要干什么啊?"

2. 不要轻易对孩子动怒

如果看见家里的东西被孩子拆得乱七八糟,请你压制住怒气,不要轻易发脾气,父母轻易动怒会让孩子产生恐惧的心理,孩子就不敢再有这种创造性的举动了。父母可以适当地要求孩子,比如和他说:"这个玩具你是可以把它拆开的,但是在你拆开以后你必须再把它装好,你能够做到的,我相信你!"这样,孩子的行为也会更加有目标性,他的好奇心就可以转化为一种动力。如果孩子把某样东西拆坏了,父母不要过重地惩罚他,如果他能把他拆开的某样东西重新装回去,父母就应当给予适当的鼓励。

3. 倾听孩子的想法

当孩子把某样东西拆开又装回去的时候,可以让他说说自己的想法。这样,在孩子表达想法的过程中还能够得到更多的灵感,这对于开发孩子的创造力是极其有益的。

总而言之,宽容并不代表溺爱,只要你的宽容之心用在了正确地方,那么你的收获将会是你无法想象的。为了培养孩子的创造能力,请包容一下他们小小的"破坏性"行为吧。只有这样,孩子的创造力才会像源泉一样汩汩流出。

别阻碍孩子在尝试中犯错

在每个人的成长过程中都会犯错误,这是谁都不可避免的。在通往成功的道路上,充满许许多多的错误和失败,想要成功,就必须经过一次次的磨炼和失败。孩子们为了尝试新东西而犯错误是非常正常的事情,这正是他们不断吸取经验从而不断成长的过程。孩子只有通过犯错误才能找到犯错误的原因,找到解决的方法,这样孩子的创造力才能被源源不断地激发出来。当看到孩子犯了错误时,父母们所选择的解决态度直接影响到孩子以后的发展。

杰杰是个调皮的孩子,他总是有很多有趣的想法,有些举动真是超出了妈妈的意料。当然,杰杰这样的做法偶尔也会给父母带来不少麻烦。

这次,杰杰由于太调皮,又将裤子扯开了一条口子。妈妈只好拿来针线,一点一点细心地给杰杰缝裤子。杰杰手里拿着一张纸,坐在妈妈的身旁,卷来卷去地折着玩,这次竟然出奇的安静。

杰杰认真地看着妈妈手里的那条线,再低下头看看手里卷成的纸筒，心里闪过一个念头，如果妈妈手里的线也弯曲了，那就和电话线一样，不知道将纸筒和线连起来，会不会像家里的电话一样能够传出声音。

妈妈根本不知道杰杰此时又有了这么多的鬼点子。妈妈记起厨房里还炖着汤，赶紧跑去厨房。杰杰瞅准时机，一把揪下裤子上的线，然后跑进了自己的小房间。他又做了一个纸筒，将线连在两个纸筒的两端，跑去屋外找妈妈，大声喊着："妈妈，妈妈，你看，我做了一个电话，我们试试它能不能听见声音。"

妈妈看着杰杰手里所谓的电话，再看看已经缝好一半的裤子再次被扯开了线，就明白了这是怎么一回事。杰杰妈妈看着自己辛苦半天的劳动成果就这样被杰杰破坏了，心里也有些恼火，但事情已经发生了，只好陪着儿子做试验了。

慢慢地，杰杰的想法变得越来越多，尤其是在遇到困难的时候，他总会比其他小朋友想出更多、更好的解决办法。

这就是创造力的作用，我们试想一下，如果当初杰杰妈妈看到自己的劳动成果被破坏而大发雷霆的话，以后的杰杰还敢有这么多创造性的想法吗？当然不会，只不过又多了一个乖巧听话而想法平庸的孩子而已。所以，当父母看到孩子因为某项创造性的举动而犯下错误时，不要急着训斥，适当地宽容一下他的错误，多给一些鼓励，让他一直这么探索和尝试下去，你一定会得到一个不一样的宝贝。

陶行知先生曾经说过："你的教鞭下有瓦特，你的冷眼里有牛顿，你的讥笑中有爱迪生。"对于大多数不允许孩子犯错误的父母们来说，他们实际上是把很多未来的科学家都扼杀在了成长的摇篮里。

第四章

想象力, 是创造力的催化剂

让孩子多接触大自然

人头脑中的表象资源是人进行想象的基础。外部事物在人脑中留下的影像就是表象，表象是形象的，具体的，是孩子能够进行想象的基础。大脑在外部条件的刺激下，对头脑中储存的表象进行改造加工，从而创造新的形象的过程，也同样是表象。

静静小时候常常去乡下的外祖母家过假期，她在外祖母家看到了很多她以前没见过的东西。在外祖母家，每天早晨公鸡都会叫她起床，起床后就和外祖母到自家的菜园子里摘水果和蔬菜，有的时候还会和外祖母一起播种。下午，她会给外祖母家的母鸡和奶牛喂食，看见它们吃得那么开心，静静会觉得非常有成就感。晚上，她总是会数着窗外夜空中的星星，直到睡着。

静静还会把这些看到的形象进行加工，创造出新的形象。她有的时候会幻想和人一样高的猴子，它可以穿上衣服拿起棍棒，能够像孙悟空那样大闹天宫；也可以想到让狮子和老虎做朋友，让大灰狼和小白兔和睦相处。她还可以想象出很多场景，甚至还会想象出在这个世界上不存在的事物。

大部分的父母不可能给孩子提供一个动植物园来供他们进行观察和研究。但是，父母可以做的事情还有很多，比如引导孩子去观察身边的事物，让孩子做个热爱观察生活的人。这样，孩子认识的东西就会越来越多，供他们想象的空间也会越来越广阔。如果父母只把孩子限制在课本之内，就会在无形中约束了孩子的想象力。

为了提高孩子的想象力，父母可以试着让孩子对他们身边的事物进行描述，或者把看见的东西画下来，这些资源都可以帮助孩子提高想象力。

有的家长会问孩子："桃花为什么在春天开花?"不同的孩子会有不一样的回答。比如，有的孩子会说："桃花整个冬天都在睡觉，到了春天它打了个哈欠就醒了。"有的孩子会说："到了春天，桃花听见小孩子们都在唱歌跳舞，它就想睁开眼睛看一看。"还有的小朋友会反问家长："妈妈(爸爸)觉得桃花为什么会在春天开花呢?"这时，家长们会情不自禁地说："桃花听到宝贝很乖很听话，于是就扬起脸笑了，然后它就开花了。"

由此可见，每个孩子在想这个问题的时候，想象出来的画面都是不一样的，这是因为在孩子的头脑中有不一样的表象的积累。在孩子的头脑里积累越多的表象资源，能够用来想象的资源也就会越多。所以，在日常生活中，父母要引导孩子多观察那些有具体形象的事物。

1. 带孩子接触新鲜事物

父母可以根据孩子的需求，在假日里带孩子去接触新鲜的事物。父母要多带孩子去参观名胜古迹，游览自然风景，让孩子多接触一些大自然的新鲜事物。父母可以在出门之前，辅导孩子多看一些关于历史、地理和风俗民情之类的书籍，对当地的历史和风情有了一定的了解以后，孩子在亲眼看见、亲自体验的时候才会加深记忆。知识是无处不在的，在游玩的时候，父母还可以给孩子现场讲解，把知识潜移默化地传授给孩子，并让孩子把一路上的所见所闻写下来，这样能够让孩子的印象更加深刻。

徐霞客小的时候受到家庭的影响，非常喜欢读关于历史、地理、探险、游记这些方面的书。他受这些书籍的影响，从小就热爱祖国的山川湖泊，还立志要游遍祖国的大江南北。无论路途有多艰险，天气有多么恶劣，他还是坚持下来，游遍了大半个中国。无论他一天有多累、多辛苦，他还是会坚持把自己当天考察的收获写下来，他的游记总共有 240 多万字。

2. 多注意孩子的饮食

合理的饮食能够帮助孩子激活大脑的细胞，使孩子的大脑越用越灵活。例如，生姜中含有姜辣素和挥发油，可以让人体内的血液得到稀释，血液流通顺畅，从而向大脑提供更多的营养物质与氧气，有助于激发人的创造力。

3. 多带孩子去天文馆、博物馆

在那里孩子既可以玩得开心，也能够学习到知识，同时也能够通过观察去消化课本上的知识。参观博物馆可以增加他们对知识探索的兴趣，让他们更加了解中外的历史文化，培养他们的"博物馆意识"。在天文馆、博物馆中，孩子的文化底蕴会得到提升，为将来的学习和生活打下一个良好的基础。

让孩子说出自己的想象

孩子们常常会有令父母惊讶的想法和举动，当孩子有了一些稀奇古怪的想法时,父母要鼓励孩子把他的想法说出来,即使是多么不现实的想法,父母也不要拒绝、否定他们。孩子的想法需要父母的肯定,这样孩子才会越来越喜欢思考,越来越爱和父母沟通。

小时候的佳佳在看到新鲜事物的时候,总是时不时会有一些奇怪的想法。有一次,妈妈正在包着饺子,5 岁的佳佳在妈妈旁边的凳子上面坐着,看着妈妈手里面的面团。佳佳忽然想到了一个问题,于是就问妈妈:"妈妈,你知道天上的星星是从什么地方来的吗?"

妈妈没有立刻回答佳佳的问题,而是看着佳佳说:"佳佳觉得呢?"妈妈这样反问佳佳,就是想让佳佳能够自己思考,自己找出问题的答案。

佳佳没有回答妈妈反问的问题,而是一直在看着妈妈包饺子的动作,看着妈妈和面、揉面团、擀面皮,最后把饺子包起来。经过了很长时间,佳佳突然想到了,于是就对妈妈说道:"妈妈,我想到答案了,我知道星星是从哪里来的啦!是把做月亮剩下的东西做成了星星。"

听完佳佳的回答,妈妈先是愣了一下,接着非常高兴地把佳佳抱了起来,对佳佳说:"宝贝,这个答案你是怎么想出来的啊?妈妈都想不出来啊!"

听到了妈妈对自己的夸奖,佳佳开心地笑了。从那以后,佳佳变得更加喜欢思考,思维也越来越灵活,总是出现很多奇思妙想,在妈妈的陪伴下,还能将自己的小想法变成现实。

佳佳的妈妈懂得尊重孩子并适当地进行鼓励,对佳佳奇怪的思想给予肯定,佳佳的想象空间也因此越来越开阔。其实我们都知道星星是从哪里来的,只不过,小孩子的想法很单纯,经常是想到什么就说什么。虽然小孩子的经验和知识没有成人的多,但他们的想象力却是无穷无尽的。

1425 年的 4 月 15 日,意大利佛罗伦萨西南边的一个小镇里,出生了一个非常聪明的小男孩,小男孩在 7 岁的时候开始上学,但是他对读书一点兴趣都没有,经常从学校里跑出去,在田野里面玩耍。

他总是很早从家里出来,上课之前,他常常在山谷的草地里面躺着,看着远处隐隐约约出现的阿尔卑斯山,总想着那里是不是住着神仙。他把更多的时间花费在小动物的收集上。一次,他把蜘蛛、蜈蚣、蛇、蚂蚁等各种类型的动物都集中在一起,把它们身体中有特色的部分选取出来,从而画出一个奇怪的怪物。

这个男孩就是众所周知的列奥纳多·达·芬奇。

达·芬奇之所以能够成名，和他的勤劳刻苦、坚强不屈分不开，但更重要的就是他那神奇的想象力。小的时候他就喜欢幻想，而且还有一颗充满好奇的心，只有美丽的大自然才能够满足他的幻想。

曾经有人做过这样的一个实验：把"0"这个图形分别给幼儿、小学生、中学生看，问他们这是什么。很大一部分的中学生都说这个图形是"零"或者是英文的字母"O"；有的小学生说那是"面包圈"、"眼镜的镜片"；但是幼儿却说出了成人、中学生、小学生想都想不到的东西，例如"灯泡""泪水""鸡蛋""太阳""轮胎"，等等，这让人不得不佩服幼儿丰富的想象力啊。

小学生和幼儿显然没有中学生知道得多，但是初中生们所答的问题的答案往往都是书本上的，而不是他们自己思考出来的。他们的想象力受到了知识的局限，使他们的思想变得模式化。模式化、单一化和标准化这些都是阻碍孩子想象力发展的因素。

当你的孩子经常有一些古怪的想法的时候，千万不要把孩子想象的翅膀折断，小孩子的想象力和创造力是需要父母保护的。父母不要限制孩子的想象，要让他们自己发展。例如，老师问学生："雪融化了是什么？"学生立刻就回答道："是春天！"这是多么富有想象力的回答啊！鲁迅先生以前说过："孩子是可以敬服的，他常常想到星月以上的境界，想到地面下的情形，想到花卉的用处，想到昆虫的言语，他想飞上太空，他想潜入蚁穴……"每个孩子天生就有着奇思妙想，他们都是天生的梦想家，最重要的就是看他们以后如何发展。

看看孩子的新花样

有一天，毛毛和几个小朋友在自己家里玩，妈妈给他们端过来一盘水果，孩子们吃完后，妈妈拿过来一卷卫生纸给孩子们擦手。卫生纸用完之后只剩下一个硬邦邦的圆纸筒，毛毛拿着这个纸筒非常兴奋地对妈妈说："妈妈，你看这个纸筒像不像一只船啊？"

"纸筒怎么可能像一只船啊？"妈妈对毛毛说。

"假如把这个圆纸筒剪开，再拿一张硬纸把它糊在上面，这不就成了一只有篷的船了吗？"毛毛对妈妈天真地说道。

妈妈听到了毛毛的想法,非常高兴地对毛毛说:"宝贝,你的想法太棒了,现在咱们就一起用纸筒来做只小船吧!"

妈妈把剪刀和胶水拿了过来,毛毛的那几个小朋友都在旁边看着,看毛毛是怎样把小船做出来的。毛毛非常认真地把圆纸筒剪开,然后涂上胶水,没过多久,一只很简陋但是像模像样的小船就完成了。小朋友看到毛毛把小船做了出来,也都受到了鼓舞,一个接一个地说道:"我能够做出一辆小汽车!""我会做直升机。"

"孩子们太厉害了! 那你们就找些纸或者盒子来做自己喜欢的东西吧! 最后看你们谁做得好!"毛毛妈妈说。

没过多久,孩子们都把自己做出来的东西放在桌子上,让毛毛的妈妈评判谁做得最好。毛毛妈妈看着这些喜欢动脑筋的孩子,非常欣慰地把每个人都称赞了一遍,而且还鼓励他们在平时也要多动脑筋,这样就能够做出更厉害的东西。

毛毛的这些想法听起来非常不合实际,但是,这些想法正是毛毛拥有创造力的表现。毛毛妈妈的做法非常好,她抓住了能够培养孩子创新意识和能力的机会。父母一定不要觉得孩子那些奇怪的想法都是在胡闹,也不要随意地阻止孩子,训斥孩子。孩子的创新意识会被家长的不理解或者排斥扼杀在摇篮里。

我们每个人都知道,孩子们的创造潜力是天生就有的。就像3岁的浩浩总是喜欢拿铅笔在本子上乱画,经常画出一些我们几乎无法看懂的事物,然后就会拉着妈妈的手,一遍又一遍地给妈妈解释自己画的是什么东西。有时候是一个新型机器人,有时候是五彩斑斓的太空……只要是他能想到的东西就都能画出来。孩子的创造力,对成年人来说不一定是新奇的想法,但对于孩子来说这些都是从未有过的,是他们创造性思维的延伸。

有一位家长给孩子讲了这样一个故事:有一名3岁的小男孩,他穿了一条背带裤,但是他在和小朋友做游戏的时候,固定两条背带的扣子被小朋友拉掉了。那个长长的带子好像尾巴一样拖着地,小朋友们一下都笑出了声。小男孩望望小朋友们,并没有因为小朋友的嘲笑而难过,他挠了挠头,冲着小朋友们笑了笑,他让其中一位小朋友帮他把胸前面的裤兜按住,然后自己动手把两根背带向两侧分开,拦腰把裤子系住了,长长的"尾巴"听话地绑在腰间,然后继续和小朋友们玩耍。

对于长大的孩子来说,这只是一件小事情,但对于一个3岁的孩子来说,在那么尴尬的场景下，他没有慌乱，而是急中生智想到好办法，这就是创新的一种表现。

父母应该鼓励孩子多思考、多创新，让孩子按照他们自己的想法去做事情。当孩子产生了一些新奇的想法的时候，家长要告诉他："宝贝，把你的想法和妈妈仔细说一下！"当孩子想做的事情超出了常规的时候，家长要对他说："宝贝，你太厉害了，竟然做出了这么富有创造性的东西！"

总而言之，孩子创新的能力可让孩子产生一些富有个性的活动，随着孩子心理上和生理上的发展，这种创新能力发展成为一些特殊的才能。也就是说，孩子的创新意识和创造的潜能会随着孩子身心的发展而发展，从而转换成为更有意义的创造力。

保护孩子的想象力

孩子的想象力随时随地都会出现，父母们只要懂得把孩子的手脚放开，那么父母们的教育也许就能够事半功倍。

一次，天天的妈妈给天天念了一篇文章，名字叫《麻雀》。这篇作品的作者是俄罗斯著名的作家屠格涅夫，作品的大意是：一个猎人带着一只猎狗在森林里面走，正巧看见一只刚出生还没多久的小麻雀从树上的鸟窝里掉了下来。就在这只猎狗想把小麻雀吃掉的时候，一只老麻雀突然飞了过来，一边用身子护着小麻雀，一边发出凄惨的叫声，最终，这只老麻雀把猎狗吓走了……

念完了文章，妈妈对天天说："宝贝你想想看，这个麻雀妈妈的行为能够表达出什么样的精神呢？"妈妈自己觉得孩子应该说："是伟大的母爱的表现！"

但是，天天的回答却让妈妈意想不到："妈妈，你怎么知道那只麻雀是妈妈呢？"

妈妈一愣，孩子以为自己说错了，又赶忙解释道："这篇文章中没有说这只老麻雀是母的啊？我怎么知道那是母爱还是父爱啊？"

听完孩子的话，妈妈立刻兴奋地点了点头，说："宝贝，你真是太聪明了，你发现了一个大问题啊！现在看来我得改变一下我的想法了。"

经过孩子和妈妈的思考，最后认为老麻雀的表现体现了亲子之爱。

　　这位妈妈的做法是很值得家长学习的,她在让孩子想问题的时候,并没有直接帮助他,而是把孩子的求知欲望激发起来,让孩子自己独立思考,让孩子有机会能够把他们的想象力、思考力发挥出来。故事中的这位小朋友告诉我们:家长们、成人们的答案并不一定都是正确的,孩子们想出的答案,可能就是他们创新的起点。

　　有位家长在画板上画了一片云,然后问孩子:"你看画板上画的是什么?"

　　孩子说:"是波浪。"

　　家长又说:"再看看。"

　　孩子接着说:"是轻烟。"

　　家长鼓励孩子说:"你再看一下,仔细想一想,这是什么?"

　　最后,孩子终于想出来了,说道:"是云。"

　　妈妈高兴地说:"对,就是云!"

　　这对母子的问答,让我们看到的只是对固定答案的寻找。尽管家长在用启发参与的方法引导孩子掌握知识,但是在实际上,孩子的答案还是必须符合家长的固定答案的。

　　让我们再看看下面的这个例子,看看有些父母是怎样呵护孩子的想象力的。

　　一位妈妈在教她的孩子折纸,孩子学会折小鹿以后,就把小鹿贴在了纸上,这时妈妈就问孩子:"宝贝,你知道小鹿在哪里生活吗?"

　　孩子没有回答,只是给小鹿画上了美丽的大草原,还画上了一些花。妈妈又问道:"宝贝知道小鹿最喜欢吃什么吗?"

　　"我知道,小鹿最喜欢吃树叶,我给它画上一些树叶!"于是孩子非常高兴地把树叶画了上去。

　　"你觉得这只小鹿还差什么呢?"

　　"它还需要爸爸妈妈、朋友、还有玩具……"孩子的想法越来越多。原来只有一只小鹿的一幅画,现在有了美丽的草原、繁茂的大树、美丽的花、奔跑的绵羊、翱翔的小鸟、明媚的阳光、清澈的河流,实在是太漂亮了!

　　这位妈妈的做法不就是训练孩子想象力的好方法吗?给孩子一定的想象空间,让孩子自己思考。父母在和孩子一起做游戏的时候,一定要尽可能地保证游戏的主人是孩子,父母千万不要反客为主。这样才会给孩子留下一定的想象空间，让他们尽情地发挥自己的想象力。孩子也能够在自己的空间里面玩得更加高兴、更加自主。

在生活中我们会遇到很多问题，成年人也会向孩子提出很多问题，但更多的时候，家长们都只是在问孩子："一加一等于几""苹果用英文怎么念""你们班里哪位小朋友学习好？""你看这幅画中有几个箱子？"……

我们总是对孩子提一些很封闭的问题，孩子在回答问题的时候也只不过是把过去的知识重复一遍。这样对孩子提问题也只是成为家长检查孩子学习的一种手段，哪里还会让孩子有空间想象呢？能把孩子想象力激发出来，恰好就是那些"开放性"的问题，那些能够允许孩子自由想象的问题。其实，在我们的生活里面，这些开放性的问题很多，很多问题都能够激发孩子的想象力。

比如，有个男孩子非常喜欢飞机模型，于是爸爸就带他去看了飞机的模型展览，在他们回家的路上，爸爸问孩子："你看看现在的飞机从外形上来看像什么东西呢？假如你长大了成为发明家，你想把飞机改造成什么样子呢？"孩子在思考应该怎样回答爸爸的这个问题的时候，肯定会把自己的想象力发挥到极致。

父母要经常对孩子提一些开放性的问题，能够让孩子用不同的答案来回答，这样，不但可以启发孩子的想象力，而且还能够把孩子的求知欲激发出来。

通过讲故事来让孩子思考问题

讲故事是家长教育孩子最常用的方法之一，如果家长在讲故事的时候，注意观察孩子并懂得适时给孩子提出一些问题，这样不仅可以培养孩子的思维能力，还能培养孩子的创造能力。

有一位非常会讲故事的母亲，她经常会用讲故事的方式来培养孩子的想象力、思维能力。一天，母亲给孩子讲了这样一个故事。

有一只小猫正在追赶一只老鼠，在被猫追赶的过程中，老鼠看见了墙上有一个小洞，它立刻就钻了进去，怎么都不出来。小猫就这样一直在洞口盯着这只老鼠，因为它够不着也钻不进去。

妈妈把故事讲到这里，就问孩子："假如你是那只小猫，你想用什么方法抓住那只老鼠呢?"

孩子不假思索地说:"我把手伸进去抓它。"

妈妈又说:"你的手很大,但是洞口很小,你的手伸不进去,那你该怎么办呢?"

孩子回答道:"那我用铁棍戳它。"

妈妈说:"你用铁棍戳它,老鼠会被你戳死的,小猫是不吃死老鼠的啊!"

这时候孩子有点丧气了,妈妈立刻鼓励他,对他说道:"宝贝,你肯定比小猫聪明啊,一定能够想出很好的方法的。"

孩子得到了妈妈的支持,又想了两个很好的方法。一个方法就是用水把洞灌满,妈妈说:"那地板会湿的啊。"另外一个方法就是用烟熏老鼠,妈妈又说:"这个洞没有出口,是不对流的,烟进不去,老鼠不会被烟熏出来,倒是我们才会被烟熏跑。"

孩子说:"那怎么办啊?还有什么更好的方法能够抓住老鼠呢?"

妈妈还是鼓励孩子接着想办法。

孩子说:"我用杀虫剂喷他。"

妈妈说:"杀虫剂是有毒的,会把老鼠毒死的。小猫吃了有毒的老鼠也会被毒死的啊。"

孩子说:"那我取把刀来。"

妈妈问道:"你拿刀要干什么?"

孩子说:"我把洞用刀挖开,这样老鼠不就出来了吗?"

妈妈说:"洞是在墙上的,你要是把墙挖开了,房子就会倒了啊,那我们不就没地方住了吗?"

就这样,孩子想出一个办法,妈妈就马上把他的想法驳回了,一个又一个,让孩子把脑筋开动起来,充分地把自己的想象力和思维力发挥出来。就这样通过给孩子讲故事来培养孩子的想象力和思维能力。

让孩子自己编故事

从科学的角度来说,让孩子自己编故事不仅会激发孩子的想象力、让孩子拥有逻辑思维能力,还能让孩子觉得非常高兴。

在歌德年幼的时候,他的母亲就常常给他讲故事,但每一次母亲讲到最惊险的地方都会停下来,让歌德自己去想象后面的情节。

小时候的歌德给这些故事做了很多的设想,有时,他还喜欢和奶奶一起讨论故事接下来会如何发展,然后在第二天和母亲说他想出来的故事情节。

这种自己编故事的习惯把歌德的想象力和思维能力全部都激发了出来,为他以后进行诗歌和小说创作打下了很好的基础。

孩子在编故事的时候经常会把自己当作故事中的主人公,从自身的视角来看待这个缤纷多彩的世界,并把自己对未来的设想和描绘寄寓其中,这同样也是孩子认识和了解自己的一个过程。所以,父母要鼓励孩子,让他们乐于编故事,不要打击孩子编故事的积极性。

简·海丽是美国的一位远近闻名的研究儿童智力的专家,她觉得,鼓励孩子编故事不仅能够训练孩子的语言能力,更重要的是能够把孩子的想象力和思维能力充分激发出来,这样他们就会得出令人意想不到的结论。

所以,父母在给孩子讲故事的时候,可以在讲到精彩的地方时稍作停顿,让孩子自己开动脑筋,想象后面的故事。父母还可以把故事写下来,用来鼓励孩子多编故事,这种广泛的想象可以帮助孩子树立自信,并在无形中发展了创造力。

鼓励孩子把想象画出来

涂鸦是孩子的一种无声的语言,当孩子还不能够把他们内心的想法明确地用语言表达出来时,他就会借由涂鸦,用不同的颜色和线条把自己想说的东西画出来。

哲哲在8岁的时候就获得过国家儿童绘画比赛的一等奖,9岁的时候已经出版了他的第一本儿童画集。哲哲的妈妈为了教育哲哲,不仅为他记了很多的观察和培养日记,还非常注意保护他天真烂漫的童趣。

哲哲9岁的时候,听妈妈给他讲完安徒生童话故事《海的女儿》后,就画了一幅饱含深情的画。哲哲把这幅画给妈妈看,妈妈看完他的画之后非常感动,她说:"宝贝,你画得太好了,我从你画的这幅画里面重新找回了我童年时候的梦想。妈妈作为一个成年人,是可以理解海的女儿的那种宁愿化作泡沫也要追求的执着,而宝贝你的画,又能够让我想起来，我在小时候看到海的女儿的痛苦却无法帮助她的无助心情。"

妈妈接着问哲哲："你在画这幅画的时候哭了吗？"

"我是哭完以后画的。"哲哲回答妈妈。

妈妈又说："宝贝你太可爱了，你比妈妈小时候积极啊，哭完以后马上开始画画，把人世间的颜色都画到画上面去了。"

哲哲虽然没有听懂妈妈这番话的意思，但是他知道妈妈是在夸他，哲哲非常高兴。

只有心灵纯洁的孩子，画出的作品才能够打动人心。孩子画画的时候，是在用自己的心灵构建一个新的世界。事实上，一岁多的孩子已经能够把笔抓起来了，他们会边摆弄着笔，边无意识地在纸上画些花花草草，他们觉得那就像是在变魔术一样，所以，婴儿会认为画笔是很神奇的，是可以画出东西来的。当然，婴儿还没有真正的绘画意识，他们并不知道自己想画什么，只不过就是随便地涂涂抹抹，这就是涂鸦期，是儿童画画的第一个阶段。

最初孩子画画也只是随便涂鸦，画出来的东西都是乱七八糟的，但是，父母千万不要因为他画得不好而笑话他，涂鸦对孩子想象力的发展是有很大好处的。

一位著名的画家曾经说过，孩子在刚拿起画笔的时候，就是在原创的高点上面站着。他们不用和大人一样，非得把画画得好看，他们用纯洁的眼睛，能直接看到事物的本质。那些举世无双的创作都不是被人教出来的，所以，这世界上很多著名的画家，如毕加索、米罗等，他们为了追求更高的创作境界，为了创造出属于自己的风格，都把方向转向了原始的艺术或者是儿童绘画，在这些方面寻找灵感来开拓全新的视野。

孩子的涂鸦是非常有意义的。通过涂鸦，孩子会对画画产生兴趣，把他们的动手能力发展起来；孩子的涂鸦也是有一些门道的，成人可能看不懂，以为孩子是在乱画。而孩子画画的目的很简单，就是为了开心，为了把自己内心的东西表达出来。

大人要知道孩子画画是需要乐趣的。曾有位家长非常不解地说道："我的孩子从小就很喜欢画画，但大多数时间都是一直在胡乱涂鸦，我想把他的画画能力培养起来，就把他送去了儿童学绘画的学校，让他跟着老师学画画，可谁知道他上了一阵子课以后就再也不画了……"家长因此感到十分疑惑，不知其中的原因，而这并不难理解，画画是孩子的兴趣使然，而绘画班太过于严肃，太注重技巧，一切都要按照老师的要求进行，孩子的想象力和创造力得不到发挥，才会逐渐失去原有的创造能力。

孩子对涂鸦产生的兴趣和通过涂鸦产生的乐趣，如果被父母的意愿干扰，从而导致孩子不再喜欢画画，那不就太令人遗憾了吗？其实，在孩子2到4岁的这个涂鸦阶段，画的画虽然很糟糕，但是父母只要插手干预，孩子的这个自我探寻的过程便会终止。

孩子的想象力需要从孩子的内心点燃，父母应该尊重幼儿的原创自由，不要错误地认为"画得像，才是画得好"，父母要让孩子尽情涂鸦，因为这是小孩子的天性和本能。

儿童教育专家乔治·森教授的女儿露西总是给教授看一些她画的画。教授尽管什么都看不明白，但教授却说，女儿画的这些乱七八糟的画对女儿自己是很有意义的，这是她想说的话，是她的想象力的表现。

露西在每天画画的时候，总是想把她的画讲给教授听，就像妈妈给她讲故事一样。她希望自己的爸爸能够明白那些她想象世界里的故事。

露西每天这样乱画，能够把她的想象力表现出来。教授从来都不会阻止她，因为他明白，一旦这个小"天才"画家画的东西不受父母重视了，她的积极性很容易就会被打消，还很可能使她的想象力逐渐消退。

教授说："父母只要想开发孩子的智力，就必须把孩子的想象力保护起来，就像保护刚出生的婴儿一样，让它能够自由地在孩子心里生长。作为父母要懂得欣赏孩子的'符号'语言，并且尊重孩子的想象。"

每个生命的创造者都是自己，幼儿们通过涂鸦锻炼想象力和思维能力，这是他们自主学习的开端，有助于自信和个性的形成。对于孩子来说，假如亲人能够分享他的想象，并且对他的想象产生兴趣，那就会把孩子的想象力大大地激发出来，孩子就会变得更加热爱思考。

通过激发孩子想象力来提高创造力

爱因斯坦曾经说过："想象力比知识更加重要，因为知识是有限的，而想象概括着世界上的一切，推动着进步，并且是知识进化的源泉。"的确是这样，没有丰富的想象力，创造就无从谈起。

每一个孩子都喜欢幻想，脑海中充满了稀奇古怪的想法。父母应该如何做才能引导孩子们将自己的想象能力表达出来,最终转化为创造能力呢?

1. 让图画勾勒孩子的想象

绘画可以培养孩子的想象力。比如,让孩子靠想象作画或补充不完整的画面。想象画的技法简单有趣,如撕贴画、吹画、水墨画,等等。没有技法的限制,孩子才有积极性和信心去完成作品。此外,补画面也是不错的做法,家长可以画一幅未完成的画,让孩子借助想象补画其余内容,构成一个完整的画面。

2. 让语言启发孩子的想象

家长在讲故事时,可以中途停下来,把剩余的故事情节留给孩子去想象。为了把未完的故事补足,孩子可能产生许多种设想。第二天,家长可以先鼓励孩子讲出他续编后的新故事,然后家长讲出原来的故事。孩子会发现他所想象的内容,可能比原来的故事更奇妙。

3. 让思考开启孩子的想象

父母提出开放性的问题,给孩子想象的空间。比如,一位爸爸陪喜欢画画的女儿去看美术展览,在回家的路上,爸爸这样问女儿:"你能想象如果是你画同样的题材,会有什么效果吗?"家长还可以问孩子:"下雪天房子外面会变成什么样子?"孩子根据她的想象描述。反过来,孩子也可以问家长:"下雨天的户外是什么样子?"诸如此类的问题有许多。要注意的是,孩子的想象和语言表达水平会有差别,家长要引导她们学会表述。

随时随地帮孩子"拓展想象"

美国哲学家杜威说:"伟大的进步需要崭新和大胆的想象力。"

幕幕很喜欢画画,妈妈和爸爸看在眼里记在心里。每到一个新地方,幕幕都会拿出白纸和画笔,将风景画下来,尽管画得并不好看,但是爸爸妈妈都觉得只要幕幕喜欢就应该支持他画下去。最近幕幕有些苦恼,因为他似乎把所有的景象都画完了,没有什么可以让他继续画的景物了。

幕幕的爸爸得知这个情况后,觉得孩子太过写实,他的想象力受到了环境的制约。于是爸爸买来了很多很多的故事书。里面没有图片,只有故事。每天晚上,幕幕的爸爸都会坐在幕幕的床边,给幕幕讲一个故事,并且要求幕幕在第二天给爸爸画出一幅描述故事的画作出来。起初幕幕觉得这个任务实在是太艰巨了,因为自己根本就没有画过没有景物对照的画,但是没过多久幕幕就喜欢上了这件事情。因为这样画画他可以打通所有的想象,不需要画得和景物多么相似,甚至可以画得什么都不像。这就是他脑海中的幻想世界,他终于在幻想世界中遨游起来。

孩子们总是会在年幼时产生很多梦想,就算这些梦想不切合实际,但却代表孩子想象力的丰富性。"每个人在年幼时期都是一个科学家,因为年幼的孩子和科学家有相同的地方,那就是他们都对自然界充满好奇和敬畏之情。"美国著名的天文学家、科普作家卡尔·萨根这样说道。

所以不论你的孩子有什么样的奇思妙想,爸爸妈妈都不必感到奇怪,要抓住机会,帮助孩子将想象无限地扩大下去,终有一天,你们会发现一个不一样的孩子。

孩子"撒谎"别冲动惩罚

儿童时期孩子们都是充满想象和幻想的,而这个时候正是培养孩子想象力的重要阶段。爱因斯坦曾经说过:"知识并没有想象力重要,因为孩子的精神世界需要想象力去丰富,而想象力又是开发他们的创造能力的重要源泉。"所以如果想让孩子的想象能力不断丰富就一定要让孩子学会想象,这样他们才能创造出新奇的东西。

上学时达尔文和同学的关系不太好,主要原因是同学们都觉得达尔文经常"说谎"。当达尔文发现一块形状奇特的石头的时候,他总会表现得一本正经,并且告诉他的同学们:"瞧,这可是一枚价值连城的宝石。"同学们都觉得他的脑袋是不是坏掉了,但是他自己从来不这样认为,并且继续和别人谈自己的怪论。

一次,他和同学们说自己可以将一种神秘的液体配制出来,而这种液体可以将西洋樱草和报春花变成各种各样的颜色。老师也觉得达尔文是个爱说谎的孩子,于是将这些情况反映给达尔文的父亲。父亲听了老师的话以后却并不认为达尔文是在说谎,他认为达尔文具有非常强的想象力。还有一次，在一堆泥土中达尔文捡到了一枚硬币，于是他非常神秘地拿着它给姐姐看，并且煞有介事地告诉姐姐这是一枚古罗马的硬币。姐姐接过硬币一看，发现这只不过就是一枚因为掩埋太久受潮生锈的旧钱币罢了。

姐姐对达尔文这种"撒谎"的行为十分恼火，于是将这件事情告诉父亲，希望父亲可以管教达尔文，告诉他不要再随便撒谎了。但是爸爸听后依旧没有去训斥达尔文，而是告诉姐姐，达尔文这种行为并不是撒谎，而是因为他的想象力太过丰富，总有一天，他会将这些想象力用到他的事业中！

达尔文的父亲还交给达尔文和哥哥一间花园里的小房子，父亲希望他们可以在那里做自己喜欢做的事情，以此来锻炼孩子们的智力。达尔文和哥哥伊拉司马斯都非常喜欢化学，他们总是在这间小屋做简单的化学实验。后来达尔文考进苏格兰的爱丁堡大学医学系求学。

没有哪个孩子在童年时期不撒谎，实际上这些谎言有相当一部分体现了孩子们的想象力。比如孩子们会向其他的小朋友炫耀父母带自己出去玩："爸爸带我去过黄山，那里漂亮极了。山顶上烟雾缭绕就像是进了人间仙境。"但其实，这个孩子的爸爸可能根本就没有带他去过黄山。家长们不要因为孩子这样的谎言而生气，更不应该为此而呵斥、责骂孩子。这种谎言对孩子的道德发展并没有什么不利影响，试想如果当时达尔文的爸爸在听说达尔文撒谎的时候去责骂他，那么也许就没有今天的进化论了。

现实生活中，很多孩子的想象力都是由于父母不当的教育方式，被无情地扼杀掉了。这使得原本充满灵气的孩子最终也只能碌碌无为。所以，如果你想让孩子得到更好的发展，就应该细心呵护孩子的想象力，着重去做想象力的培养工作。

孩子的幻想没那么可怕

孩子喜欢幻想，总是将自己周遭的事物带入自己的想象世界，也许他每日都幻想着动画片里的超人在身边保护他，也许他会幻想也有一只哆啦A梦陪他一起玩各种各样的游戏，也许他还会幻想幼儿园里的小伙伴和他是亲兄弟，只是出生的时候医生阿姨把他们分开了。

有很多的家长在自己孩子两三岁的时候都会被孩子讲述的故事或者有趣的经历欺骗。而在被愚弄很多次后，家长们往往在无计可施的同时担心自己的孩子会不会沉醉在自己的幻想中不可自拔，如果真的是这样，那么以后他们可怎么办？

但是，美国权威机构的调查却认为，孩子喜欢幻想，甚至幻想一些荒唐的事情都是一种自然表现，而它们集中于孩子幼儿成长阶段。这些幻想对孩子的人格发育起到了关键和积极的作用。当孩子到了四五岁之后，他们就很少再有类似的单纯幻想了，取而代之的是一些理性的想象。所以，家长一定不要限制孩子的这些幻想，而是应该鼓励他们，让幻想为他们的生活插上翅膀。

有一次，当爱因斯坦眯着眼睛在一个小山头躺着的时候，他忽然看到千万道阳光穿过睫毛射进了他的眼睛里。于是爱因斯坦想，自己是不是也可以乘坐一道光线去旅行呢？他开始幻想自己在宇宙旅行。他被想象力带到了一个神奇的地方，这个地方用物理学根本没办法去解释。

回到家里，爱因斯坦马上找到舅舅，告诉舅舅他在努力地想象自己追着一束光线。正是因为这个想象，爱因斯坦发现了一个效应，那就是接近光速运动的物体会在空间上缩短并且在时间上变慢。他用这个新理论来解释他的想象，而这就是后来震惊世界的广义相对论。

其实，家长应该明白孩子的幻想是多么可贵。记得郭沫若老先生曾经在《科学的春天》一文中有这样一段话，大意是想要发展科学就要用幻想去打破传统的束缚，所以科学需要创造和幻想。而著名作家叶永烈也曾经说过："一个民族没有了幻想力就没有了希望。"江晓原作为科学史专家也曾说："推动科学发展的螺旋桨正是我们的幻想。"

没错，很多重大科学发现最初都源于一个猜测或者一个幻想，而在生活中也有许多的科学成就是依托幻想实现的。比如，我们现在必备的通信工具手机就曾经在叶永烈1961年创作的科幻小说《小灵通漫游未来》中出现，那时候的手机叫作袖珍的无线电话。叶永烈之所以能够在创作上小有成就和他早年喜欢读科幻作品大有关系。而现在，中国的年轻人太缺乏想象力了。叶永烈之所以一直从事科幻小说的创作工作也是希望可以唤醒小读者们的想象力。

其实，在美国，很早的时候就有一些儿童心理学家开始对幻想进行研究。他们发现孩子在成长过程中幻想的好处是无穷的。

首先,孩子的想象力会因此而被培养起来。作为想象的基础,幻想往往会有助于孩子长大后想象力的形成。而一个人的形象思维和艺术都受到想象力的影响。

其次,幻想可以让孩子的情感体验丰富起来。在幻想世界里,孩子往往会扮演各种各样不同的角色,孩子们也可以在这些角色中体验喜怒哀乐,以及遗憾、羡慕、害怕等一系列可能成人才会有的情感体验。这些对于孩子理解和认识成人的感情世界有很大的帮助。

再次,幻想有助于增强孩子分析以及解决问题的能力。其实孩子的幻想世界并不荒诞,这些幻想对孩子增强分析、解决问题的能力绝对是有帮助的,可以说它是孩子增长见识的大课堂。因为孩子的幻想世界包罗万象,所以在幻想世界遇到的问题可能比现实生活中的问题更加丰富多彩。孩子会在幻想世界去努力解决他们幻想出来的问题和难题,这样他们解决问题的能力也就得到加强。

对于孩子的幻想,家长不应该去阻碍,反而应该为孩子提供一个好的幻想空间。家长可以给孩子买一些可供幻想的优秀童话或者故事书,并且鼓励孩子在读完故事之后为故事增加更多的人物和情节,让孩子创造一个更加引人入胜的幻想世界。家长也可以与孩子一起参与到丰富幻想的游戏中去,比如过家家,扮演警察抓小偷的游戏。这些都可以帮助孩子提高幻想能力。

第五章

好奇心，是激发创造力的原动力

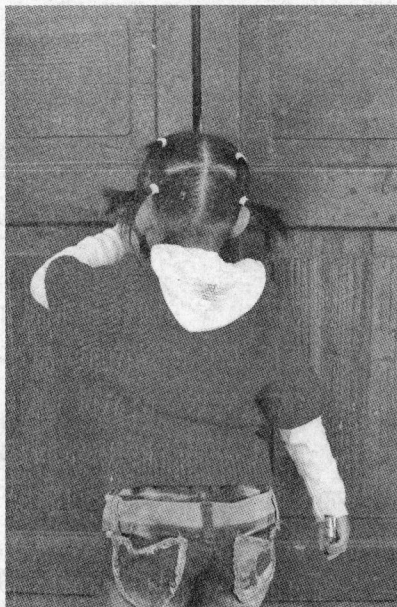

好奇心的背后隐藏着创造力

孩子似乎对于所有在大人们看来司空见惯的事情都充满了强烈的好奇心。意大利著名儿童教育专家蒙台梭利在谈到儿童为何总是破坏玩具这个问题时指出："他是因为想要知道其内部构造。"孩子想要弄明白这个世界上万事万物为何会是这样，而不可以换成别的样子。这种追根究底的探索精神背后隐藏着一种创造力。

著名航海家哥伦布之所以能有举世瞩目的成就，完全要归功于他强烈的好奇心，而这一点，早在他小时候就已经有所表现。

有一次，老师正在讲地理知识，发现很多学生在交头接耳，只有一个学生两眼直直地看着前方。老师感到十分高兴，认为在自己的学生中，总算找到了一个忠实的听众。于是，他就指着这个学生问："你来回答一下，地球是圆的，还是方的啊？"连问三声，这个学生竟然没有反应。一直到老师走下讲台用教鞭点到他的头时，他才仰头问道："究竟发生了什么事情？"老师只好把问题又重复了一遍，被问的学生不假思索地答道："是方的。"整个教室里一片哄笑，老师失望地摇摇头。这个学生就是哥伦布，他上课的时候走神了。

下课之后，同学们嘲笑哥伦布："原来地球是方的。""是方的还叫球？"面对同学们的奚落，哥伦布反问道："你说地球是圆的还是方的呢？"

"当然是圆的。"一个同学回答。

"你为什么知道是圆的呢？"哥伦布进一步追问。

另一个孩子回答道："老师这么讲的，你上课不注意听老师讲课，还反问别人，简直是一个笨蛋。"

"老师说的就是正确的吗？"哥伦布反问道。

"老师说的还能有错吗？"好几个孩子一起说。

哥伦布哑口无言，但是他不甘示弱，想了想，他又问："地球有边际吗？"这下把几个小同学问住了，哥伦布感觉得意极了。

忽然一个孩子问道："你别得意，我知道地球有边，地球的边便是大海。在东边，是亚得里亚海；南边，是爱奥尼亚海；西边，是第勒尼安海……"那个孩子丰富的地理知识让哥伦布暗自佩服。同学们之间的这些看似天真的问题使哥伦布对地理产生了浓厚的兴趣。甚至可以这样说，哥伦布发现新大陆就是从这些幼稚的问题开始的。

好奇心是每个孩子都拥有的特点，它让孩子学会了质疑，学会了探索，并享受其中的乐趣。如果一个孩子具有很强的好奇心，那么他就会发现生活中到处都有奥妙之处，也就可以更好地发挥潜能。这是个环环相扣的道理。作为父母，要善于挖掘并且合理保护这种好奇心背后隐藏的创造潜力，可能你的孩子就是下一个哥伦布！

激发孩子的好奇心

好奇心是创造性思维活动的内驱力，爱因斯坦有句名言是这样说的："谁要是不再有好奇心也不再有惊讶的感觉，谁就无异于行尸走肉，其眼睛是模糊不清的。"好奇心永远是科学的推动力，它可以激发人的兴趣，开发人的潜能，使人能够全身心地投入到创新的活动中，作为父母，更应该认真看待孩子的好奇心，正确引导和激发孩子的好奇心。

当代著名物理学家李政道博士说："好奇心是十分重要的，搞科学研究一定离不开好奇。道理十分简单，只有好奇才可以提出问题，解决问题。最可怕的是提不出问题，迈不出第一步。"

一个人对各种事物的好奇心越严重，就越具有探索的眼光。若是一个人对周边的所有事物都熟视无睹，又怎么能够发现新的事物呢，就像爱迪生所说的那样："谁丧失了好奇心，谁就丧失了最起码的创造力。"

有一位男孩问父亲："爸爸，为什么我们家阳台上的花与卧室里的花的叶子颜色不一样呢？卧室里的花的叶子要稍黄一些，但阳台上的花的叶子却如此青翠，而且阳台的花也比卧室的花开得大而鲜艳。"父亲为了让孩子更加深刻地了解其中所蕴含的道理，特地找来碘酒，给孩子做了一个巧妙的实验。他将碘酒滴在被阳光照射过的叶子上，叶子慢慢变成了蓝色。

父亲对孩子说："这是因为叶子上面有一个光合作用的产物——淀粉。"之后，他又将碘酒滴在没有阳光照射的叶子上，叶子的颜色依旧保持不变。

父亲告诉孩子："这就是所谓的光合作用，阳台上的花经过阳光的照射，叶子上面就产生了淀粉；但是卧室里的花因为缺乏阳光的照射，就不会产生淀粉。对植物而言，空气、水与阳光都是必需的。"

这位父亲的聪明就在于抓住了孩子的好奇心，通过实际行动让孩子感觉到观察的重要性。

很多孩子都具有很强的好奇心，乐于"打破砂锅问到底"，因为提问是孩子的天性。而且，孩子由于思维的不成熟或者某方面知识的欠缺，提出的问题往往让大人觉得十分好笑，但这是孩子智力开发的过程，此时，他的创造性思维较为活跃。父母千万不要嘲笑孩子的幼稚，否则，会挫伤孩子探索世界的积极性。

在现实生活中，很多父母因为害怕麻烦或者是其他一些原因，不愿意认真回答孩子的问题，经常敷衍了事，孩子善于质疑和思考的好习惯就慢慢失去了。高尔基曾经说过："对于儿童提出的问题，如果回答说等着吧，长大之后你自然就会懂，这就等于打消了孩子的求知欲望。"

在好奇心的驱使下，每当孩子见到一个新鲜的事物，总想更深入地去了解，往往会不自觉地摸一摸、问一问、拆一拆、装一装，然后转动自己的大脑，创造性地提出他们的见解。很多父母对于孩子的这种行为十分反感，经常批评孩子甚至恐吓孩子，其实，这些都是孩子喜欢探索和求知欲旺盛的表现，父母的呵斥往往会挫伤孩子探索和思维的积极性。

正确的做法是因势利导，鼓励孩子的探索精神，并且启发孩子"异想天开"。比如，让孩子突破常规的思维模式，换一个角度思考问题，孩子慢慢就会发现原来盛饭的碗也可以当作乐器，平时装热水的暖瓶还可以拿来煮粥，这便是所谓的"发散思维"，或称为"求异思维"。这种发散性的思维模式可以让孩子在看问题时不盲目跟从，解决问题时善于思考，从而提高孩子的学习兴趣与思维能力。

当孩子"淘气"的时候，别急着训斥

家长是否明白孩子淘气的原因呢？如果你不明白，只是单纯地看到孩子因为淘气而破坏了你辛辛苦苦收拾好的书架，将地板搞得全是泥巴，就狠狠地训斥他们，那么你这个家长做得可太不称职了。作为家长应该正视孩子的"淘气"，因为这也是激发他们创造力的一个有效途径，淘气的孩子并非家长眼中的捣蛋鬼、破坏狂。

　　淘淘曾经很喜欢玩妈妈的摩丝，因为他觉得妈妈的摩丝就像是一个新型武器，一喷就喷得满屋子都是。他还喜欢把妈妈的口红当成画笔，在新装修的房子里到处画画。甚至他还喜欢偷偷地拿爸爸用的剃须刀给家里的小狗"剪头发"。不过妈妈看到后并没有责怪他，反而慢条斯理地问淘淘："淘淘，你给小狗剪头发为什么不带它去理发店，而要用爸爸的剃须刀呢？"淘淘挺起胸，非常神气地对妈妈说："我是理发师，这个不是剃须刀，是我的新型理发刀！"妈妈不禁笑了，然后对淘淘说："你发明的这个新型理发刀还不错嘛。不过，改进一下没准小狗的毛会被理得更漂亮。"

　　尽管很多时候淘淘的一些行为带给了父母不小的麻烦，但是这是一个孩子聪明和爱动脑筋的表现。也许过不了多久，淘淘就会成为一个发明大师呢！

　　父母们会意识到孩子们在一定时期都表现出来同样一个特点：同样一条路，哪里不好走，他们偏偏往那走。有马路牙子就一定不走宽敞的大道。路上有积水了，他们一定上去踩一脚，看着水花四溅不知道有多开心。下雪了孩子们就会偷偷去尝一尝雪的味道，甚至还会拿冰柱当作冰棒吃，这些都让父母们很烦恼。父母们很担心孩子们会不会摔倒了，会不会吃坏肚子或者会不会把刚穿上的新衣服又弄脏了，因此很多父母总会因此批评、训斥孩子甚至是惩罚孩子。但请想一想，你们的训斥和阻止真的起到作用了吗？孩子们也许当时听话了，可他们同时也失去了快乐，而且他们获取知识的途径和体验也被无情地剥夺了，更没有什么创造力可言了。

　　父母应该对孩子的淘气给予更多的理解和宽容，创造力的培养中"敢"字很重要，敢想、敢说、敢做才能发挥孩子独特的创造潜能，所以赋予孩子一些"不听话"的权利，让孩子勇敢地去实践，这是激发孩子好奇心，培养创造能力的重要条件。家长应该接受"听话是优点，太听话是缺点"的观点，不要对自己的孩子太过束缚，应该多留一些空间，让孩子们自己决定。即使淘气了又如何，不要急着训斥打骂，至少孩子在这过程中学到了知识，揭开了谜底，满足了自己的好奇心。这样，潜移默化中就培养了孩子的创造能力。

不要制止孩子模仿

强强从小就喜欢模仿别人的动作和语言,他觉得别人说的话、做的动作都非常有意思。他的父母看到了他总是模仿别人,也从没有说过什么,他们觉得这样很好。

有一次,强强做了一件事,他的爸爸妈妈从此就制止了他的这种行为。

这天,强强和爸爸妈妈一起去了动物园,强强看到很多的小动物,他觉得这些小动物简直是太有意思了,他就想模仿它们的动作。

看到大猩猩的时候,强强就开始模仿起大猩猩的动作,只见他屈着胳膊弯着腿,学着大猩猩左跳跳、右跳跳,还学大猩猩的样子吃香蕉,把他周围的人逗得开怀大笑。

但是强强的爸爸妈妈却没有笑,他们觉得强强这个样子非常丢人,学什么不好非得学大猩猩,是个什么样子啊。强强的爸爸妈妈被强强气得不行了,非常生气地拉着强强回家了。

到家以后,强强的父母就开始责骂强强,说他这样的行为简直是丢他们的脸,还说他要是再敢模仿别人或者别的动物就打断他的腿。强强吓得从此再也不敢模仿了。

由此可见,强强的父母是非常不明智的,他们应该善于引导强强去模仿那些对他来说新鲜的事物。对于强强的那些模仿行为要给予支持和鼓励,激励强强继续进行模仿,并且还要让强强模仿出新意来。但是,他们却制止了强强的这种模仿的行为,把他的想象力和模仿能力全部都扼杀掉了。

创新往往都是来自于模仿,丰泽丰雄是日本的一名著名发明家,他曾经说过:"模仿那些同类性质的东西,这是对发明很有好处的诀窍。"在模仿的基础上加以创新,这在本质上说也是一种创造性的思考。

的确是这样,许多名家的创作灵感往往都是来自于模仿。毕加索早期的绘画作品,就是根据印象派画家塞尚等人的特点来画的。同样,在郭沫若的书法里面,我们能够看出颜真卿字体的风韵和柳公权字体的结构。

孩子天生就喜爱模仿,他们非常喜爱模仿周围的那些人和事物。有位作家写道:"孩子的脑袋就好像是一卷空白的录影带,他会把你说的每一句话都记录下来,当然还包括你的表情和语调……一直这么看着你,在将来,他就会成为和你一样的人。"心理学家也说,在人两岁的时候情绪模式就会成型。也可以这么说,孩子是通过模仿来成长的,他们是在模仿中进行学习和创造的。

在日常的生活中,父母可以和你的孩子一起玩一些类似于模仿秀的小游戏。父母可以和孩子各扮演一种小动物,然后举办一个小动物的聚会。每个人选择一种小动物,要把自己当作这种小动物,然后去模仿这个小动物的叫声和动作,学得越像越好。这样的活动不仅可以培养孩子的模仿能力,提升孩子的创造力,还可以让亲子之间的关系更加和谐融洽。

欣赏孩子创造性的果实

什么是孩子取得的创造性的果实呢?简单来说,就是孩子萌生的五花八门的念头得以实施,并且成功完成了。事实上,大多数孩子都喜欢自己动手创作出一些东西,可能是一些稀奇古怪的物品,也可能是给家里的台灯添加一个四不像的灯罩,还可能是灵光一闪,画出一张无人能懂的画作,写一首前言不搭后语的诗词,这些统统是孩子的创造性的果实。也许,在父母的眼里,他们创造出来的果实不仅没有使用价值,而且想法太不成熟,但是,如果想要让您的孩子拥有创造力,面对这些创造成果,父母要投注欣赏的目光。因为父母的欣赏和鼓励,可以使孩子在进行创造性劳动的道路上更加有动力。

东东是个热爱钻研的小孩子。他总热衷于做一些出人意料的事情,例如,为家里的电灯泡画上红色的衣服,或者把家里的香皂掏个洞,接着兴致勃勃地和妈妈说:"看,灯泡发出红色的光好漂亮!"或是"牙刷可以插在肥皂上的洞里了,多么方便啊!"

每当东东热情地谈论自己的创作时,妈妈一直都是在忙来忙去,洗衣、做饭或是拖地。她总是头也不抬地质问儿子:"你是不是又犯错误了?我已经忙得不可开交了,你就不要再火上浇油,给我添麻烦了。如果你有一天不再给我制造这样那样的问题,我就谢天谢地了……"

妈妈的责备让东东再也没有了和她一起分享喜悦的想法,他再也不想给妈妈看自己的发明创造了。他走到爸爸的身边,以满脸骄傲的表情问爸爸："你觉得我手里的是什么物品？"

此时的爸爸正在享用美味的早饭，他抬起眼来，瞥了一眼东东小手里那个黑乎乎的东西，然后用嫌弃的口气说道："哼，这是什么破东西？脏兮兮的，不是从垃圾堆里捡来的废品吧？如果不想让妈妈生气，你最好赶紧去把脏手洗干净！"语毕，他便埋头继续吃早饭。东东捧着那个爸爸看都没有仔细看的"黑东西"呆站在那里，眼眶里充满泪水。

这个故事中的小主人公东东的确是一个十分具有创造力的孩子，他的想象力丰富，令人瞠目结舌，但却得不到父母的肯定，这在很大程度上打击了他的积极性，同时也禁锢了他的创造力。而作为东东的父母应该做出反思，他们真正应该做的是用欣赏的语气对孩子的创造性的成果提出表扬，激发孩子的创造力。这样，也许东东就是下一个牛顿！

享誉全球的艺术大师毕加索小的时候学习非常愚笨，他学习的时候，非常不容易集中注意力，成绩总是很不理想，没有进步。绘画是毕加索唯一钟爱的事情，他会通过绘画把自己那些不切实际的、稀奇古怪的想法描绘出来，创作出一些出人意料的、五颜六色的画作。

身边的人总是取笑他："成绩差得连基本的算术题都算不出来，却整天鼓捣一些让人看不明白的画，真是精神不正常。"对啊，谁会看好一个成绩落后，不善言辞，只会画一些别人看不懂的画的孩子呢？他的母亲不仅不会欣赏他的画作，甚至还因为有他这样一个儿子而感到耻辱。

但是毕加索的父亲却独树一帜，并不赞同别人的说法。他总是悉心地开导毕加索，对他说："没关系，不会算数学题也并不意味着你将会一事无成，我觉得你在绘画的时候就像个成功的大师！"毕加索每画完一幅画，他的父亲都会认真地观赏，并且用赞扬的口气说道："儿子，你的画是我看过最美丽的作品，我真的以你为傲！相信我，你一定是绘画界的明日之星！"

几十年过去了，他爸爸的话真的得到了验证，他真的成为了绘画界一颗闪亮的明星，而他曾经被人嘲笑看不懂的画可以被拍卖到每幅高达数百万元。

大家都认为，生活中不存在天才，其实不然，只是大多数天才在刚开始展现创造力的时候就被父母或者老师无情地扼杀在摇篮里。如果生活中可以多一些像毕加索父亲那样的父亲，就一定会多一些天才。

父母们，从现在开始改变吧，改变面对孩子创造性的成功果实时的态度,多一些鼓励,少一些不解。如果想要用赞美声为孩子珍贵而脆弱的"好奇心"穿上保护套,那么就努力做到以下几点吧。

1. 欣赏孩子的成功果实

当孩子想要独立去尝试并且完成某件事情时,父母应当给予支持,不仅要用一种赏识的目光看待他,而且还要用鼓励的语气告诉他,你一定会成功的,爸爸妈妈相信你。这样一来,孩子在创造的过程中会获得无穷无尽的动力,创造性的想法会萌生更多。

2. 适时鼓励孩子创造的信心

为了让孩子更真切了解到那些发明家是怎样发明创造的,父母可以和孩子一起读一些励志的书籍,或是看一些激励人向上的影视节目,然后和孩子交流,让他懂得善于发明的人到哪里都会受到大家的欢迎。这样做,可以坚定孩子发明创造的信心,让他们更加全力以赴地开始自己的发明。

3. 赞扬的时候需要真诚

当你看到孩子创造出来的成品时,一定要声音洪亮并且真诚地赞扬他们,用认同的语气对他们说:"真的很厉害,继续加油!"但是切记,不要总是敷衍、不情愿地表扬孩子。夸奖孩子的时候一定要真诚,让孩子深切地感受到自己完成了一件了不起的创造性行为,这一行为是值得肯定和表扬的。

4. 适当地表达意见

为了让孩子体会到你的赏识和真诚,你还应该时不时地表达一下你对孩子完成的创造性的劳动果实的意见和看法。你可以循序渐进地说:"我认为,这样改进一下,成果也许会更好。"也可以这样说:"如果我们不用这种材料,会出现不一样的产品吗?"

5. 用孩子成功的果实激励孩子进步

家长可以把孩子具有代表性的创造成果用精美的盒子包装起来,摆在客厅里显眼的地方,就好似一件件博物馆收藏的展览品。这样的做法会很大程度上激励孩子,让他萌生出更多的创作灵感,并且信心满满地开始自己的又一次创作。

孩子产生创造力的过程正如那句古诗:"问渠那得清如许,为有源头活水来。"只有父母懂得用欣赏的眼光去看待孩子的创造性劳动成果,才会为孩子的创造力注入源源不断的活水,让孩子的发明创造一直涌现出来。

要懂得激发孩子的"好奇心"

日常生活中,常常可以听到妈妈们如此抱怨:"从来没有发现我们家孩子有什么特别喜欢做的事情,不会像别人家的孩子一样,喜欢和钢琴、歌曲做伴,取而代之的则是窝在沙发上看电视。那么多有趣的课余生活,他好像一点都不感兴趣……"

事实上,孩子的兴趣爱好是需要家长正确引导和培养的。聪明的家长们懂得"姜太公钓鱼——愿者上钩"的道理,细心的他们会在生活中观察孩子的喜好,然后潜移默化地引导他们往合适的方向发展。孩子最好的老师是兴趣,一旦孩子产生了兴趣,创造力就自然而然产生了。

有个孩子从小就热衷于数字,他的姑妈发现了他对数字的痴迷,就买了一个货币换算器当作他的圣诞节礼物。这个孩子对这份礼物爱不释手,他从货币换算器中注意到了货币和财富。

他的妈妈了解这些想法之后,决定提供给他一笔钱,让他去做一些小生意。他采纳了妈妈的意见,决定向路人销售口香糖。妈妈投资的钱被他用于买口香糖,然后他便开始向自家门口的过道上的行人销售他的口香糖。不久,他便收获了人生中的第一桶金,虽然只有区区几美分,却激发了他赚钱的兴趣。

之后的他不仅卖过柠檬汁、可乐,还为人们送过报纸,直到11岁,他花掉了自己攒的第一笔钱,买了他人生中的第一支股票。

再后来,这个孩子拥有的财产利滚利,越来越富有。现在的他,不仅拥有了一笔可观的财富,而且还成为了人们心目中的股神。

对,你猜得没错,他就是股神巴菲特。

看完上面的故事,我们应该懂得:如果家长可以清楚知道孩子本身的特点,做到知己知彼,就一定可以钓到"大鱼"。巴菲特的妈妈知道孩子喜欢数字的特点,了解了孩子的兴趣所在,所以因材施教,帮助孩子走向成功。

那么,家长又该怎样"垂钓"出孩子的兴趣来呢?让我们来看看以下几种方法吧。

1. "钓"出孩子的兴趣,营造优良的环境

事实上,孩子的各种能力就好似一粒粒尚未发芽的种子,想要让种子生

根、发芽、长大成材,就要提供合适的温度和土壤。面对孩子也是一样,不要拔苗助长,要顺从他们的成长规律,并且让他们在适宜的外部环境中成长。如果您有一个喜欢画画的孩子,那么您不妨送他一些画画工具或者一些名家的画册,还可以给他讲讲名家获得成功的故事。这样一来,孩子便会置身于他们的故事当中,潜移默化地受到积极向上的影响,从而有了继续努力的动力,也许,不久之后,他也会成为艺术界里一颗闪亮的新星。

2. 让孩子做自己喜欢的事情

每个孩子都有不同的兴趣和擅长的方面,当然,每个孩子也都不是十全十美的,也会有自己的缺点。所以,家长更应该及早地了解到孩子的长处与短处,并且适时地帮助他们扬长避短,这样一来,孩子的个人潜能才会被最大限度地发掘出来,让他们产生兴趣,从而培养他们的创新能力。因此,父母不应该强迫孩子去培养他们丝毫不感兴趣的爱好,而是让他们做自己喜欢的事情,要学会在正确的方向上教导孩子,塑造孩子。

3. 孩子的兴趣要循序渐进地培养

教育孩子如同培育一棵大树,不要拔苗助长,种子不可能一夜之间长成大树,尽管他们先天条件优良,外部环境适宜。对孩子的兴趣培养也是一样,不能一口吃成个胖子,父母们一定要循序渐进,不能过分急于让孩子长大成才,要遵循孩子的成长规律。

除此之外,我们不能只重视孩子兴趣的培养,还要注意让孩子德智体美劳全面发展,不能忽视他们品质和品德的培养。大多数孩子都背负着家长太多的期望,家长们望子成龙,望女成凤的心情是可以理解的,但是使孩子功成名就不是我们培养孩子的唯一目的,人生的价值并不一定体现在名利上,只要孩子能够开心幸福地生活,有一技之长就足够了。

鼓励孩子亲自探索尝试

布鲁姆曾是美国的一名著名的心理学家,他对许多成功的人士都进行了仔细的研究,发现成功人士的父母在他们小的时候就很注意呵护他们的好奇心,并且还注重对孩子天资的开发。他们会一边鼓励孩子,一边进入孩子的领域,对孩子感兴趣的东西进行仔细的分析,从而成为孩子学习和生活的引领者,更进一步激发孩子对学习的热情。

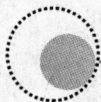

琪琪在小的时候非常喜欢小动物,她经常会观察地上的蚂蚁、树上的小鸟等小动物。

有一天,琪琪在自家的院子里面发现了一些蚯蚓,然后,她就蹲在地上一直观察着这些蚯蚓。琪琪看着看着,就想用手把蚯蚓拿起来,研究一下它到底是怎么动的。

哪知道蚯蚓这么不听话,从不在琪琪手上待着,总是从琪琪手里逃跑。它们有的会爬到墙角,有的会钻进土里去,于是,琪琪就对蚯蚓展开了一场大追捕。

琪琪的妈妈在屋里看到琪琪在院子里到处找东西,便走到院子里面,问琪琪:"宝贝,你在找什么啊?"

"妈妈,我在捉蚯蚓!"琪琪回答。

妈妈感觉非常奇怪,接着问琪琪:"捉蚯蚓做什么啊?"

琪琪对妈妈说道:"我想研究一下蚯蚓为什么能够动。"

过了一会儿,琪琪终于捉到了一条蚯蚓,她把蚯蚓放在手里面,仔细地观察它。

妈妈看琪琪这么认真地观察蚯蚓,于是就问琪琪:"宝贝,蚯蚓它没有腿却为什么可以爬呢?"

琪琪说:"我看出来蚯蚓是由很多的环节组成的。"

"嗯,对的,还发现了什么?"妈妈问。

"我还知道断成了两截的蚯蚓还可以活!"

"宝贝,实在是太棒了,这些你都知道。那你知道蚯蚓为什么能够蠕动吗?"

"不知道。"琪琪垂头丧气地说道。

"那好吧,咱们拿一个碗,在碗里面放一些土,把蚯蚓放进去,然后进屋子里好好观察一下好吗?妈妈来和你一起找答案。"

"好。"琪琪高兴地说道。

经过琪琪和妈妈一起观察,一起找资料,最后,琪琪终于明白了蚯蚓是怎么动的了。

家长的赞许,让孩子更有动力来探索自然,有这样的家长,根本就不用愁孩子不爱学习了。

孩子在幼儿时期好奇心就会表现出来,孩子对这个新鲜的世界很好奇,他乐于去探索那些自己不明白的事情,去接触那些新鲜的事物。这些探索与接触不仅会丰富孩子童年的生活，还能够让他了解一些事物的状态和性质。因为他对冰雪好奇，去玩冰雪，他们才会知道冰雪是凉的；因为对青蛙好奇，他才会去观察青蛙，才会知道青蛙是由小蝌蚪变成的。

孩子获取知识的前提条件就是好奇，知识积累是孩子进行创新的不可缺少的基础。好奇能够把孩子的求知欲激发出来，把他们探索的精神激发出来，这些对他们将来的发展是不可或缺的。

让我们再来看一下现在的教育情况：孩子看到了桌子上面的红辣椒，嚷嚷着要尝一下；孩子在路边看到了好看的鹅卵石，就把它拿起来放到嘴里面；妈妈买回来一个满身都是刺的菠萝，孩子之前没有见过这样的东西，就想用手摸摸看……家长们遇到了这样的状况，都是怎么做的呢？根据调查显示，大多数的家长都会做出如下的反应。

"辣椒是非常辣的，你别吃！"接着就把辣椒拿开了。

"那石头多脏啊，你怎么能把它放进嘴里面啊，下次不能这样做！"

"菠萝的刺会刺到你的手的，妈妈削完了以后你再吃。"然后就把菠萝拿走了。

家长们这样的反应，也许能够避免孩子一时受到伤害，觉得这样可以保护孩子，但却没意识到，这是孩子进行探索的萌芽，对于孩子的发展是非常有利的。假如家长不鼓励孩子，反而压制孩子，这样下去，孩子就会变得什么都不敢尝试，创造的意识也就会被逐渐地埋没。

好奇心能够影响孩子创造力的发展，家长要把孩子的好奇心保护好。孩子对他感兴趣的东西总是会多关注一些，并且还会努力地探寻其中的秘密。家长要给孩子创造出一个丰富而且宽松的环境，让他对这个世界充满好奇，同时，还要学会好好地引导孩子的好奇心。

一个孩子，他对河里面行走的小船非常感兴趣，他不懂那只船为什么坐了那么多人还不会沉下去。有一次，他瞒着妈妈把新买的皮鞋放在水里，并且在里面放了很多石头，最后皮鞋沉了下去。回家后，他把这件事告诉了妈妈。妈妈先是很生气，后来仔细想了一下，还是鼓励了一下孩子这种探索行为，并给孩子讲了浮力定律。

事实就是这样，孩子的兴趣就像是一朵娇艳的鲜花，家长要鼓励它、浇灌它，它才能够盛开；家长贬低它、呵斥它，凋谢就是它最后的下场。

第六章

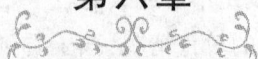

注意力、观察力是孩子创造 "奇迹" 的前提

和孩子一起探究新鲜事物

新鲜感是创造性的基本要素。每个小孩都不会无缘无故地产生一些天马行空的想法,在他们对某些事物产生强烈新鲜感的时候,他们就会有一发不可收拾的兴趣,然后就会忍不住去观察、靠近,注意力之集中程度甚至达到废寝忘食的地步。如果父母在孩子注意力集中的时候,能够抓住这个机会开发他们的想象力和创造能力,一定会达到事半功倍的效果。

孩子经常喜欢研究新鲜事物,对任何事物都充满好奇。在他们眼里,任何有意思的事情都有研究的必要。他们总觉得自己没有品尝过的食物更加美味,没有阅读过的漫画书更加好看,没有玩过的玩具更加有趣。他们更喜欢没有接触过的东西,对新鲜事物格外有兴趣。

新鲜感不等同于注意力,更不能与创造能力画等号,但它们三者之间确实密不可分。正是这种新鲜感的产生,才能吸引孩子的注意力,并使之越来越强烈。反过来,高度集中的注意力又能加强孩子的求知欲望,在不知不觉之间激发起孩子的创造能力。所以,爸爸妈妈一定不能轻视注意力集中的重要作用,抓住机会,为激发孩子创造力打下坚实的基础。

阳阳妈妈发现阳阳做什么事情都很难集中注意力,总是三分钟热度,对于没有接触过的新鲜事物,他一开始总表现出极强的兴趣,但是随着新鲜感逐渐消失,他便会感到无趣,然后半途而废。

对于这个问题,妈妈感到很苦恼,绞尽脑汁,研究出来一个方法,那就是利用阳阳对事物的新鲜感来学习新的知识,她会经常给孩子制造一些新鲜感,激发他的创造能力。前不久,阳阳想要自己动手做一件作品,带它去市里参加航模大赛,但是才开始做比赛作品,阳阳就没有了热度,想要半途而废。妈妈为了鼓励他坚持下去,就送给他很多书,都是关于航空模型的,接着又带他去参观航模展览。阳阳瞬间就被那些精美漂亮的航模吸引住了,于是又重新开始航模的制作。为了让阳阳继续保持制作航模的新鲜感,坚持完成作品,妈妈又帮助他查阅了很多有关航模的资料,并且把航模的图片配上功能介绍打印出来。面对这么多有趣的知识,阳阳感到异常开心,一下子就入迷了。他制作航模的创造力也源源不断地迸发出来了。富有创造力的他不仅独树一帜地制作了螺旋翼,并且还别出心裁地给模型设计了各种各样的造型。有志者事竟成,阳阳终于制作出一架独特的航空模型,并且在比赛中获得了"特别创意奖"。

看完上面的案例,我们都知道了新鲜感与注意力以及创造能力之间的紧密联系。只要父母在正确的方向下功夫,孩子不仅会用巨大的惊喜来回报你们,而且也会大大地提高他们的创造能力。

那么,父母应该如何运用新鲜感来吸引孩子注意力,激发孩子的创造潜力呢?

1. 要细心地观察孩子

家长要清楚地了解孩子更容易对哪些事物产生浓厚的新鲜感。只有了解了孩子的学习特点和学习方法,掌握了孩子是怎样思考问题的,父母方可因材施教。

2. 教导孩子多方面阅读书籍

在学习的过程中,孩子身边会一直萦绕着一种新鲜的氛围。他会认为身边的任何事物都是乐趣无穷的,此时的他就好像一名勇敢的探险队员,被某种神秘莫测的力量吸引着一直向前走。在他前行探险、钻研的过程中,创造能力就被不知不觉地激发出来了。

3. 始终为孩子的学习过程提供新鲜感

在孩子学习的过程中,家长应该适时地教导孩子进行全方位的学习,可以引导孩子使用各种各样的学习方法,让孩子在游戏中愉快轻松地学习,还可以教导孩子尝试研究性学习。孩子的创造力也许就会在这种充满新鲜感的学习过程中显现出来。

4. 为孩子创造一个充满新鲜感的学习氛围

孩子会在充满乐趣,或者满含新鲜感的学习过程中,学习得更加积极主动,正是因为他的主动学习,创造力才更容易被发掘出来。

值得注意的一点是,通过新鲜感来帮助孩子学习一定要遵循适度原则。如果父母过分强调给孩子提供新鲜感而使出奇怪的方法,或者强迫孩子接受过多的资料,孩子可能就会感到力不从心、眼花缭乱、思路不清晰,这样一来,结果就会适得其反。

希望以上几点建议可以帮助父母快速地调动起孩子的学习兴趣,继而让他们潜在的创造能力得到激发。如果孩子可以在如此充满乐趣和新鲜感的氛围中学习,一定有意外的收获。

给孩子充分的玩耍时间

孩子在玩游戏的时候,很可能会全身心地投入其中,这样就会对父母的某些话自动过滤,甚至根本不予理会。这个时候往往让父母非常恼火,但是在你发火之前,请仔细地想想,孩子如此认真地玩耍,难道真的没有任何好处吗?

其实孩子们在玩耍的同时也开发了自己的思维能力。而且在他们玩的时候,还能集中注意力,认真地进行思考,寻找多种解决问题的方式,最终激发出自己的创造潜能。所以,家长不要限制孩子的玩耍时间,要留一些空间让孩子进行思考。

雪雪非常喜欢和小朋友们一起玩耍,她的爸爸看到了她喜欢玩耍的这一特点,抓住了她爱玩的天性培养雪雪的观察和思考能力,让她养成热爱大自然的良好习惯。

在雪雪家的院子里,她的爸爸不惜花费重金,专门为她修建了一个很大的游乐场。在游乐场里面铺着很厚的沙子,在游乐场的周围还栽种了各种各样的花草和树木。雪雪经常待在这里,观察这些花草树木和小昆虫,一待就是一整天。这培养出了她对大自然深厚的感情。

雪雪的爸爸还专门为她准备了很多大大小小的木块,他让雪雪用这些木块盖房子、建公园、铺路、架桥梁,雪雪通过自己动手,大大地开发了自己的智力。

后来雪雪的爸爸说:"从小我就没有给她买过玩具之类的东西,她就在这片小天地里幸福快乐地玩着。"

雪雪的爸爸还告诫其他家长们:在你的孩子想用沙子、纸盒和木片来建造属于他自己的城堡的时候,父母绝对不要因为他们破坏了房子的干净整洁而制止孩子的这些游戏。否则,就是在无情地毁坏孩子的精神世界啊!这不但会影响孩子在玩游戏时的乐趣,而且还会阻碍孩子思维智力的发展。

假如你发现孩子在玩游戏的时候对一些比较复杂的玩具产生了兴趣,

在他好奇心还是比较强烈的时候,很可能对父母的某些忠告和建议置之不理,注意力完全集中在自己的世界里。此时父母不要急着打扰孩子,可以和孩子一起来分析这个复杂的玩具;如果孩子对玩具的组装产生了兴趣,在他拆卸和组装过程中不仅能够了解到玩具的内部结构,同时还训练了他的脑力。让孩子多进行一些这样的游戏,这是开发孩子智力的非常好的方式。

发明飞机的莱特兄弟在《我们是怎样发明飞机的》一书里面这样写道:"我们最开始对飞机产生兴趣是在我们童年的时候。那时候,父亲带回来一个小玩具给我们玩,那个玩具是用橡皮筋作动力的,只要动动手,它就能飞起来。我们完全被这个神奇的玩具吸引了,几乎都到了痴狂的地步。渐渐地,我们不再满足于轮流玩这样一个玩具,而是寻找身边所有能够使用的材料,根据这个玩具又做了几个,让我们自豪的是,每一个都能够成功地飞起来……"

这种能够飞起来的玩具,让充满着好奇的莱特兄弟将所有的注意力都集中在它的身上,而且还引发了再做几个的想法。成功引导着他们拥有了更大的飞天梦想,从此致力于此。在以后的日子里,他们无论遇到多大的困难,从没有想到过放弃,而是想尽了各种方法,在滑翔机上面安装了螺旋桨和发动机,把世界上第一架能够飞上蓝天的飞机制作成功。飞机上的螺旋桨,就是儿时玩具上的那种螺旋桨。

孩子的天性就是玩耍,这也是孩子学习的一种方式,假如把孩子玩耍的时间剥夺了,就等于把孩子学习探索的机会剥夺了。

陶行知先生曾经说过:"想要培养孩子的创造力,首先就要为孩子准备充足的时间来让他们玩耍。""现在的学校把孩子的时间安排得太紧张了,在白天老师督课,在晚上家长督课,为的都是让孩子考试,那孩子还有时间去接触大自然吗?就更不用说从中学到知识了。"

陶行知先生实施了一套非常有创意的教育方法,就是和学生们一起玩"科学的小游戏",其实就是和学生一起做一些科学小实验,以此来把孩子的创造力和求知欲激发出来。孩子们在这些能够自己动手的活动中,集中注意力,不断地开发想象力,然后又受到某些奇怪现象的刺激,思维就由此变得活跃起来了。

父母要学会保护好孩子的思维能力和创新能力,这是非常重要的一件事。不要觉得孩子的年龄还很小,就把他们看作成年人的附属品。每一个孩子都是一个独立的个体,他们都有着自己的精神世界,所以,家长应该多给孩子一些时间和空间让他们自己尽情地去玩耍。

观察力和创造力是两个好兄弟

在日常生活中,人们常说"这孩子很聪明!"或者"你怎么一点都不聪明呢!"以此来简单概括一个人的智力水平。"聪明",通俗来说就是耳聪目明的意思,依此看来,以对外部世界的感知为基础的观察力是聪明首先应该具备的条件。

从人类智力结构的发展来看,观察力是其重要基础,是人思维能力发育的起点,也是聪明大脑对外看世界的"眼睛",对于创造力的发展更是必备条件。所以有人说:"思维是核心,观察是入门。"

为什么观察力有如此重要的作用,它和创造力之间又有什么样的联系呢?我们可以试想一下,假如我们的观察能力很薄弱,那么我们就不会发现事物的特点,更不会发现其中的乐趣,如此,根本谈不上激发创造能力。所以说,创造力的进步是在观察力发展的基础之上,对于孩子尤为如此。他们认识事物的时候,首先就要对事物进行观察,然后才会发现其中的乐趣,并对事物予以关注、记忆与思考。

观察力与创造力二者之间的关系就像水与鱼的关系一样。要想培养孩子的创造能力,首先要做的就是训练他们的观察能力。

"进化论"的奠基人,世界闻名的科学家达尔文,小的时候并没有什么显著的才华,在他16岁的时候,被父亲安排去爱丁堡大学攻读医学,后来又转去剑桥大学学习神学。他的父亲希望他将来能成为一名"尊贵的牧师",但达尔文却非常痴迷于观察大自然。在学习上,他接受了自然科学和地质学的训练,常常与生物学教授一起讨论有关自然科学的问题。正因为他在生物学方面积极努力,他才提出被恩格斯评价为19世纪三大自然科学发现之一、让他闻名于世的"进化论"。曾有人向他请教:"要怎么做才能成为一个科学家呢?"他回答:"爱好科学,首先要有耐心地思考问题、细心地搜集资料,还要具备丰富的创造力。"

正因为达尔文从小就锻炼了对事物的观察力,这种敏锐的观察力激起了他对探索大自然的兴趣,由兴趣转变成一生的爱好,才让他有机会提出"进化论",最后成了一位著名的科学家。

由此可见，成为一位科学家，良好的观察力是不可缺少的条件。同时，观察力对孩子来说，是他们学习的基础和智力形成发展的因素。观察是在综合视、听、触、嗅和方位、距离、图形识别、认识时间等能力的基础上发展起来的，是感知觉发展的最高形式。孩子通过敏锐的观察力，获得了周围世界的知识。所以说，观察力为孩子认识世界奠定了良好的基础，对于他们日后走向成功更是关键所在。

观察力也有特殊性

古往今来，成就一番伟大事业的人无不具有超强的创造力，而创造力又与观察力息息相关，有人形象地比喻观察力是创造力的眼睛。由此可见，观察力对一个人的创造能力的发展是至关重要的。

法国作家莫泊桑年轻的时候，一天，他从别人那里听来几个既新鲜有趣又生动感人的故事，于是就想把这些故事写成小说。但是到底怎么写，他的心里也拿不定主意，便跑去向福楼拜请教。在福楼拜面前，他把故事描述了一遍，然后提出自己的观点："这些故事内容足够丰富，可以写出作品来。"他很期待福楼拜能给些意见。福楼拜看了看这位虔诚的年轻人，说："我看你还是不要写这些故事比较好，希望你骑马出去走走，一两个钟头后回来，将自己所看到的一切在纸上记录下来。"莫泊桑听了福楼拜的话，就按照导师的说法骑着马出去跑了一圈，打消了靠听故事来写故事的念头，回家后写出了自己亲眼见到、亲耳听到的事情，有些事物还将其加以想象，看到的事情多了，观察得细致了，创造力也变得丰富起来。从此以后，他就依照这种方法练习自己的写作技巧，几年后，终于创作了著名的短篇小说——《点心》。

由于观察是创造的基础，具备观察能力对创造能力发展的重要性可想而知。但是，人的身心发展除了受一定遗传影响外，更多的是受环境和教育的影响。所以，要想让孩子拥有一个充满创造力的智慧头脑，父母从孩子很小的时候起就应该开始对其进行培养，为孩子创造良好的环境和条件，帮助孩子增长见识，让孩子大胆观察，并善于观察，为其智力发展开启一扇探索外部世界的明亮"天窗"。

你或许会说，孩子平常不就是在不停地看，不停地听，到处去摸、去试，这样自然就会练出很强的观察力了呀！难道这样就可以激发孩子的创造力了吗？真的就是如此简单吗？观察是一种有目的、有意识的心理和大脑共同作用的感知活动，有助于脑部智力的开发，对于创造力具有直观的影响。有一句俗语，"外行看热闹，内行看门道"，讲的就是这个道理。孩子虽然天性好奇，表现出爱动、爱提问等行为，却很少有目的、有意识、有效地进行观察。孩子的观察力受其年龄制约而水平较低，所以更需要父母的引导和培养，让孩子从小就对世界充满好奇，认真观察外界发生的变化，让大脑变得更加灵活，更加富有创造力。

在孩子幼儿期的时候，其观察力的发展表现出特殊的一面，家长要有目的地训练孩子的观察能力就必须了解孩子观察力的这种特殊性。以下就是家长们需要注意的几个方面。

1. 观察具有不稳定性

孩子虽然每天接触很多事物，但对很多事物还都是视而不见的。什么事物吸引他，他就看什么，一般很少会有意识地为某一目的而进行观察，很容易受到事物显著的外部特征及当时的兴趣、情绪支配，并且常常会在观察过程中忘记，或频繁更换观察对象，这对于创造力的开发会产生一定的消极影响。这是父母在引导孩子观察时需要注意的。

2. 观察时注意力时间短

一般情况下，3 岁左右的孩子在图片上注意力的时间大约只能延续 5～6 分钟；随着年龄的增长，时间会相对延长，到 6 岁时大约能够达到 12 分钟。对于孩子自己不感兴趣的事物，其注意力时间会更短，因此，父母应该抓住其特点，对孩子进行阶段性的培养，促进其脑部智力的开发。

3. 观察缺乏系统性和概括性

3 岁的孩子在观看图形时，眼睛到处扫描，因为他们眼球运动的轨迹是无章可循的，5～6 岁孩子在观图时的眼动轨迹会越来越契合图形的轮廓。也就是说，孩子年龄越小，在观察物体时越缺乏系统性。孩子往往也无法归纳事物的本质特征和存在于它们之间的内在联系，缺乏概括性。

因此在培养孩子观察力时，父母应主动有意识地引导孩子去观察身边的事物，或者对孩子就事物提出相关的问题，激发孩子对事物的兴趣，锻炼其大脑的灵活度，让孩子的观察有计划，并逐渐具备系统性和概括性，从而使孩子的观察能力一步步得到充分发展。孩子只有在平时多看、多听、多接触，积累丰富的知识和经验，才可以找出事物之间的联系，解决问题，发挥创造才智。

培养观察力有法可循

对于任何人而言,一切思维活动都是在观察的基础上进行的,孩子因为年纪的关系,不能很好地对事物进行观察。由于孩子对周围的事物缺乏系统周密的观察,因此他的思维水平不可能达到较高的层面,认识事物较为肤浅,此时,就需要父母的引导和提醒,让孩子多多思考,加强对各事物之间的联系,让孩子的智力得到有效的开发。

大量的事实证明,观察力强是学识渊博的人不可缺少的心理品质,比如牛顿,就是因为观察到苹果下落的现象,产生思考,才研究出地心引力;著名科学家罗素,在一次漫不经心的散步过程中,凭借他超强的观察能力,发现了孤子波现象。这些科学家所发现的都是日常生活中人们随时随地可见的现象,为什么他们会对这些普遍的现象提出质疑呢?原因很简单,就是他们具有异于常人的观察能力,能够从观察问题、发现问题、分析问题到解决问题,最终让自己的智力得到开发。

我国著名地质学家李四光以他敏锐洞悉各种地质现象的观察力闻名于世。李四光从小的时候就对周围地理现象充满好奇心,他到每个地方,都会注意观察周围的地理环境,处处留心,从不放过任何一个学习观察机会和意外情况。无论是出国,还是旅行和教学,他都会找机会进行地质考察。1936年,他出国讲学经美国回国时,在横跨美洲大陆时,停下来六七次,专门去爬山对地质进行考察。1949年以后,他从英国回国,中途经过意大利和瑞士,也进行了野外地质考察。长期的野外考察和实践,练就了他对祖国山川大地的敏锐观察力,并取得了一系列成果。李四光到北大地质系任教后,主讲岩石学和高等岩石学两门课程,他经常带学生到野外进行实地上课,边看边讲。一个山头、一堆石子、一排裂缝,他都不放过,对学生进行观察力的培养。

孩子主要是通过认识这个世界对事物进行观察的。观察力除了是认识事物的基础,也是想象力、创造力的活泉之水,对于孩子今后的智力发展十分重要,因此父母要重视起来。观察力强的孩子,其智力水平的提高程度明显高于观察力弱的孩子。

那么父母如何才能让自己的孩子拥有超常的观察力呢？以下是培养孩子的观察力最重要的两个方法。

1. 激发孩子的观察兴趣

父母想办法激发起孩子对事物的观察兴趣，才能带动孩子观察的积极主动性，使孩子进一步进行事物观察活动。发挥其主体能动性是完成观察任务的必要条件之一，首先，孩子所观察的事物本身要具有吸引力，观察对象要具有一定的新颖性、复杂性。如果观察对象过于单调、熟悉，就会使孩子产生排斥、厌倦的心理，不愿去观察它；如果观察的对象与孩子原来的认识距离太远，太陌生、太复杂，也较难引起孩子的观察兴趣，可能还会使其紧张，产生回避的心理。

其次，在观察过程中，应尽可能地鼓励孩子多方面地调动自己的感官去看、听、摸、闻，并要求孩子用自己的语言来表达观察对象。激发孩子对观察事物感兴趣的机会很多，比如在家里，让孩子看看、说说家具的布置，春天、夏天不同季节衣服的特点等。如果家中有动植物，如孩子小时候养的蚕，可以鼓励孩子观察蚕的生长变化情况。在户外也可以和孩子进行观察，如观察春天百花的争奇斗艳，打雷下雨时云彩的瞬息变幻，路上行人穿着的千姿百态，等等。父母首先要有一双愿意发现美的眼睛，有一颗童心，来引导和激发孩子的观察兴趣，这是前提。当孩子沉迷于对自然的观察所带来的乐趣中，不要过多地干扰他，远远地关注他，在他需要帮助的时候帮助他。

2. 提供开放的观察环境

单调不变的环境容易使人厌倦，失去乐趣，孩子当然也就失去了观察兴趣，而丰富绚丽、经常变化的环境能够激发孩子的好奇心，更有益于帮助孩子提高观察力。

此外，孩子喜欢活动的物体多于静止的物体，活动的物体能让孩子的观察注意力持续比较长的时间，如汽车、动物。因此，父母要注意给孩子多提供一些开放的观察环境，比如在海洋馆，让孩子自由自在地观看美丽的鱼。让环境内容变化多端，色彩丰富。比如在家里，和孩子一起装饰他的房间。家长要经常带孩子参加一些户外活动，比如到动物园等，引导孩子观察生动活泼、形象清晰的具体事物，让孩子觉得好玩、好看，进一步提高孩子的观察兴趣。

通过以上对孩子观察力的培养，可以让孩子更加有目的、有计划地观察这个世界,发现其中隐藏的奥秘,分析其中的原因,找出解决的办法,提出富有创造性的结论。

让孩子学会边观察边思考

感知与思考的有效结合才会产生观察力。如果只是简单观察而缺乏细致的思考便不会有意外的发现。在思考的过程中,孩子的创造性思维得到了开发,然后才能全身心地投入到创新的活动中去。

丹麦著名天文学家第谷为了观察行星,用了将近 30 年的时间,他观察的过程非常仔细,可惜的是,由于他没有缜密的思维能力,导致他虽然研究了大量的相关材料,但是依旧没有得出有意义的结论。后来,德国天文学家开普勒成为了第谷的工作助手,思维缜密的他通过思考,从诸多观察中发现了行星运行的轨迹是椭圆形的。

由此可见,只有将细致的观察与缜密的思考相结合,才可以更有效地进行相关的观察。

举世闻名的著名画家达·芬奇从年幼的时候开始,就特别善于观察身边的事物,经常在观察中会产生一些问题。

例如,如果达·芬奇在路上看到蚂蚁排着一字长队,他不仅会俯身下去观察它们的一举一动,还会在观察的过程中怀有诸多疑问:这些小家伙是从哪里来的呢? 它们又要到哪里去做什么呢? 谁是它们的首领呢? 达·芬奇总是热衷于将思考与观察相结合,边观察边思考诸多五花八门的问题,这样的结合可以更大程度地激发他的观察兴趣。

在达·芬奇的一页随笔中,画着一只被关在笼子里的鸟,旁边配有这样一句话:思考指向希望。他还记录着这样一个故事:小黄雀被困在笼子里,黄雀妈妈看到后就给它吃了含有毒素的食物。旁边这样写道:"不自由,毋宁死。"

从达·芬奇的故事中我们得知,父母在注重发掘孩子观察能力的时候,也应该适时地教导孩子边观察边思考边创新。

小卡尔·威特是 19 世纪德国家喻户晓的天才。在他八九岁的时候,就轻松地掌握了 6 种不同国家的语言,分别是:德语、法语、意大利语、拉丁语、英语和希腊语。不仅如此,而且还精通各个学科,例如动物学、植物学、物理学、化学，数学更是他的强项。这些成绩都要归功于他的父亲在教育小卡尔的时候，使用了边观察边思考的教学方法。

孩子没有相关的地理方面的知识，在他的脑子里并没有地图的概念，没有办法理解地图的绘制。父亲想，如果强迫年仅5岁的小卡尔去阅读相关的地理书，也许就会使他丧失继续画地图的兴趣。于是，父亲想要让小卡尔理论与实践相结合地学习地理，这样可以让他更加直接、生动地了解地理知识。

于是父亲利用空闲时间领他去周围村庄游玩，在散步的过程中引导他注意观察周围的地形地貌，或者河流的流向和森林的分布，等等。父子俩几乎游遍了周围大大小小的区域。在一次次的远足过程中，小卡尔把娱乐和学习很好地结合起来，从来不喊累。晚上回家之后，还会兴冲冲地向母亲描述自己今天的所见所闻，不知不觉中，他已经能够准确地描述所到之处的地理环境。

通过这样一个阶段的实地观察，小卡尔基本掌握了周围村子的地理情况。于是，父亲就陪小卡尔带上纸笔爬上了附近村子上的一座高塔，站在塔顶上的他们向远处眺望，曾经走过的村庄尽收眼底。父亲开始询问儿子周围村庄的地理名称，遇到儿子不知道的名称时，父亲就进行细致的讲解。基于孩子对周围村子全貌的了解，父亲又要求他画出周围村子的地理缩略图。由于爸爸陪小卡尔做了相当充分的准备工作，所以他不但轻松地画出了地理缩略图，而且画得还比较符合实际地理情况。

完成以上这些事情之后，父亲带小卡尔去书店买了这个地区的地图，引导小卡尔将自己画的缩略图与地图相比较，找出并且改正自己图上的错误之处。经过一次次的修改之后，小卡尔终于完成了他平生画出的第一幅地图。就这样，父亲不但成功地教会了儿子特别不容易懂的地图概念，而且还培养了小卡尔的另一大兴趣——绘制地图，从那以后，无论小卡尔走到哪里，他都会习惯性地绘制出当地的地图。

小卡尔那些有关动物学、植物学和地理学的一些基本知识也都是父亲利用这种边观察边思考的方法教会的，之后，父亲又用同样的方法教会了儿子物理学、化学和数学，久而久之，小卡尔·威特被爸爸培养成为了一个享誉世界的学者。

鼓励孩子学会质疑

孩子经常会有一些稀奇古怪的想法,这些想法可能是对"定论"的质疑或者只是孩子的异想天开。但是,不管孩子的想法是否正确,家长都必须要鼓励自己的孩子,千万不要呵斥或者笑话孩子。

静静是一名三年级的孩子,妈妈在帮助静静预习课文的时候,刚好预习到了《登鹳雀楼》这首诗。

妈妈教静静读着:"白日依山尽,黄河入海流。欲穷千里目,更上一层楼。"

静静一边跟着妈妈读这首诗,一边想:"太阳在落山的时候,天空明明是红色的啊,但是这首诗又为什么会写'白日依山尽'啊?"静静实在是想不明白。

于是静静就问妈妈:"妈妈,太阳落山的时候天空应该是红色的啊,应该是'红日依山尽'而不是'白日依山尽'啊!"

妈妈看了一下书本,瞠目结舌,不知道应该如何回答静静的这个问题,瞪圆了眼睛对静静大声喊道:"捣什么乱啊你!老想这些没有用的,王之涣没你厉害,那我怎么没见过你有什么大的作为啊!"

静静被妈妈吼的非常委屈,红了脸,低头看着书不说话了。

以后,在妈妈帮助静静预习的时候,她再也不敢向妈妈提出问题了。她知道妈妈讲的东西是自己不能够质疑的。

静静这么敢于质疑,其实是天才的表现。巴甫洛夫曾经说过:"质疑思维,是创新的前提,是探索的动力。"然而,静静的妈妈却觉得孩子提出的质疑是静静自己在胡思乱想,不干正事,所以妈妈把孩子的质疑给压了下去,但她却不知道自己这样做会挫伤孩子的自信心和学习的积极性。

蜜蜂是没有发声器官的,所以只能靠翅膀振动来发出声音,这是生物学界一直普遍认为的。但是,一名12岁的小孩聂利却自己用实验证明了:蜜蜂是拥有自己的发声器官的,它并不是用翅膀来振动发声的。他写的《蜜蜂并不是靠翅膀振动发声》这篇科学论文,获得了青少年科学创新比赛的二等奖和高士其科普的专项奖。

这一伟大的科学发现竟然出自一名 12 岁的小孩,这真的是太可贵了!无数的生物学家都没有发现的自然奥秘,却被一位小孩子发现了;无数的成年人都没有怀疑的"定论",却被小聂利给推翻了。

根据报道,聂利发现的过程并不是非常复杂:她先是发现了一只没有翅膀的蜜蜂,但那只没有了翅膀的蜜蜂却还在不停地嗡嗡叫,聂利觉得非常奇怪,后来她用放大镜仔细地观察了一个月的时间,终于发现了蜜蜂真正的发声器官。

聂利靠着自己的怀疑精神发现了这个结果。创造的开始往往都是怀疑。华中师范大学教育系的杨再隋教授曾经说过:"现在的很多孩子的思维都受到了惯性影响,都是顺着成年人的思考模式来想事情的,很少从反方向来思考问题。这是不利于孩子养成敢想、敢做、不唯书、不唯上的品质的。"

爱因斯坦曾经说过:"阻碍青年人用怀疑的眼光去观察世界的那种教育方式,并不是一条通向科学的阳光大道。"在大多数物理学家都毫不怀疑地采用了牛顿的空间和时间的定律的时候,只有爱因斯坦产生了怀疑,提出了新的问题,然后创立出了相对论,为科学做出了非常大的贡献。

通常来说,在一个人有了怀疑的能力的时候,他通常都会表现出一些特点。

· 对事物都非常感兴趣,喜欢思考、喜欢探索,现成的答案他们是不会满足的;

· 喜欢探寻各种各样的事物,对于新鲜、奇特的信息是非常敏感的;

· 习惯性地用批判的思维去思考问题;

· 相信自己论证的过程,敢于怀疑传统的观点,敢于质疑权威;

· 思想非常开放,对于新的思想和新的事物,他们从来都不会拒绝接受;

· 和自己相同或者不同的意见他们都会听从,并且认真思考;

· 认识到自己在某些方面是存在着思维定势或者偏见的;

· 在对他人进行评价的时候,能够从正反两个方面进行评价;

· 在做出判断的时候,总是会反复思考,谨慎地找出答案;

· 面对别人对自己的质疑或者不认同,会认真思考并且接受,改正自己的不足;

· 在做事情的时候,总是喜欢预想很多种方案。

由此可见,人之所以有怀疑,只因为自己有着不同于别人的见解,有着对某些结论的不认同。如果孩子对一些事物存在怀疑，父母要重视孩子的这种怀疑意识，而不是逼迫孩子认同成年人的观点。

家长应该鼓励孩子敢于质疑、敢于打破惯性的思维，而不是让孩子人云亦云。父母不要总是问孩子今天考试考了多少分，在班上排第几名之类的，这种方法培养出来的孩子只能成为分数的奴隶。美国的许多家庭都是很开放的，当孩子放学回家，家长们问的第一个问题不是孩子的考试成绩，而是问他们"你今天在上课的时候向老师提出了多少个有意义的问题啊?"如果孩子遇到了不理解的事而没有向老师提出质疑，美国的家长们反而会批评他们。

家长们不是万能的词典，孩子提出的每一个问题家长不一定都知道答案，该怎么办? 那就要把事情实事求是说清楚。

比如，"白日依山尽"描绘的落日情景，指的是山区的日落。太阳在山区是落得非常早的，在落山的时候，太阳的光芒还很强烈，所以太阳呈现的还是白色。假如妈妈能够把这个道理讲明白，那么孩子肯定会更热爱学习。即便妈妈一时不清楚答案，也可以和孩子一起探讨答案，还可以鼓励孩子多提出一些自己的想法。这样孩子才能在妈妈的鼓励下养成敢于质疑、勇于思考、喜欢创新的良好习惯。

第七章

思维能力为创造力助跑

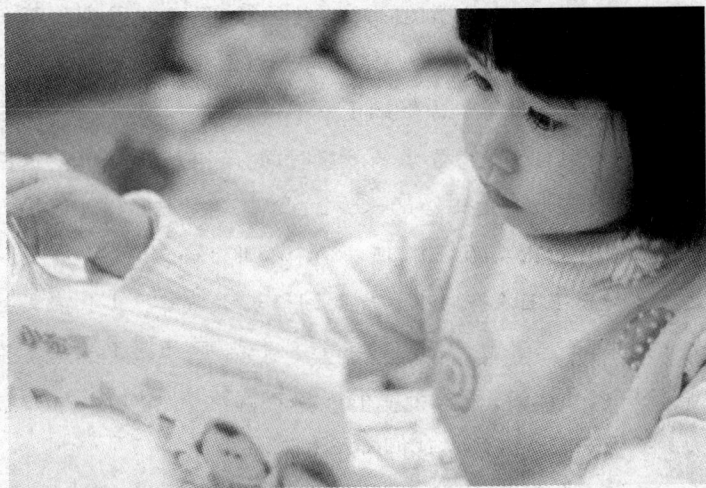

让孩子习惯独立思考

通常人们想要解决生活中的困难，需要靠的是自己的智力和思想，而不是书本上那些死板的论证。

有一个老和尚这样问小和尚："有两个人去同一家串门，他们其中一个特别讲卫生，另一个却特别不注意仪容仪表，请问，他们两个人在主人家谁会先去洗澡？"

小和尚挠了挠头皮，马上给出了自己的答案："一定是不爱干净的人先去洗澡，因为他身上很脏啊！"老和尚注视了小和尚一会儿，微笑着说道："再思考思考吧。"

时间一分一秒地过去了，小和尚再一次给出答案："那肯定是喜欢干净的人先去洗澡。""为什么呢？"老和尚追问道。小和尚信心满满地说："因为爱干净的人养成了定时洗澡的习惯，不注意卫生的那个人肯定不会定期洗澡，所以，我认为一定是那个讲卫生的人先去洗澡。"老和尚笑而不语，再次告诉小和尚继续思考一下。

这次，小和尚自己思考了很长一段时间，若有所思地说："他们两个人都会去洗澡，因为不爱干净的人身上很脏，需要去清洗，而讲卫生的人已经养成了定时洗澡的习惯，所以两个人都会去洗澡。"

这次老和尚依旧没有对小和尚的回答表示满意。小和尚见状又继续思考了起来，最后说道："他们都不会去洗澡，因为讲卫生的人本来就很干净，没有必要洗澡，不爱干净的人根本就没有定时洗澡的习惯，所以他更加不会去洗澡。所以他们都不会洗澡。"

听闻此话，老和尚的脸上终于绽放出满意的微笑，频频点头，说："真不容易，你把所有情况的答案都想到了，其实这几个答案都是对的，但是令我不满意的是你每次只会想到一个答案。我想通过这个问题告诉你，我们要从各个角度去思考事情，这样才能够全面地解决问题。"

由此可见，孩子的答案正确与否并非是唯一的衡量标准，更多的时候，解决问题的关键其实是他们能否从各个角度全面地考虑问题。所以，无论是面对什么问题，我们都需要学会全面、周到地思考问题。

卓娅是苏联全民族的英雄,她的母亲曾经出过一本书——《卓娅和舒拉的故事》,在该书中,记录着这样一个故事。

卓娅是个学习十分认真的孩子,学习成绩名列前茅,但是有些科目却学起来不太在行,尤其是数学,她经常会钻研数学题直到深夜,舒拉总是向她伸出援助之手,但是都被拒绝了。有很多次,舒拉都已经完成了作业,并且做好了预习工作,但是卓娅仍然坐在书桌旁刻苦钻研。

舒拉问:"还有什么作业没有完成吗?"

"嗯,这道数学题我无论如何也算不出来。"

"我会,让我来教你吧。"舒拉热心地说。

"还是我自己继续算吧。"

舒拉无奈地离开了,转眼时间过去了半个小时,卓娅依旧没有算出那道数学题的答案,时间又过去了一个小时,卓娅还是愁眉不展。

"这张纸上的就是答案,要不要看随便你!"舒拉把纸气愤地丢在了卓娅面前,转身走向了卧室。

可是卓娅却依旧不理不睬,继续自己的演算,不久之后,她终于算出了答案。

第二天,卓娅的数学成绩是优秀,老师和同学们都习以为常。但是,只有妈妈和舒拉了解这个优秀的背后,她付出了怎样的努力。

她努力做到自己独立思考问题。面对孩子遇到问题这种情况,聪明的父母会引导孩子开动自己的脑筋,运用自己已经掌握的知识和经验,或者查阅相关资料,要求孩子自己独立解决这个问题。大多数孩子在解决问题的过程中,都会大幅度提高自己的思维能力。如果孩子遇到的是超出自己能力范围的问题,父母可以适当地给予帮助,例如,可以亲身示范,可以帮助孩子搜集资料,还可以引导孩子进行反复研究等办法。孩子如果学会了独立思考,对于他们的人生会带来潜移默化的重大影响。

周小松是邻居眼中的绘画神童,有一次,爸爸带他去参观石鲁的山水画展。事先,小松并不知道这是一个知名画家举办的画展。参观完毕,他对爸爸说:"这里的画画得非常漂亮,而且好像是出自同一个人的手。"爸爸听到这番话异常兴奋,连忙问道:"你说说这些画好在哪里?""这些画的布局安排得很好,给人一种非常壮观的感觉,画风非常大胆,而且用笔的力量也恰到好处。"小松这样解释道,爸爸听完之后,会心地笑了。

小松之所以可以在爸爸面前勇敢地阐述自己的观点,在很大程度上是因为爸爸在平常的生活中总是鼓励他去积极思考问题,并且勇敢地阐述自己的想法。家长应该积极引导孩子去开动脑筋思考问题,并且勇敢地阐述自己的想法。如果那些想法是不正确的,家长也不应该打断孩子的话,更不应该打击他们的自信心,应该鼓励孩子阐述完自己的观点,父母再适当地给予指导。

现在,一些西方国家已经把培养孩子的思维能力摆在了最重要的位置。因为他们意识到了孩子独立思考问题的重要性,想要独立地解决问题,就首先要学会自己思考问题。

"教育的主要目的就是让人去思考",就像爱因斯坦所说的那样,培养孩子的时候,应该把发掘他们思考和判断的能力排在第一位,而不是一味地要求他们学习各个学科的知识。假如一个人有可以自己独立思考的能力,那么他一定会在社会中找到自己的立足之处。

孩子在年幼的时候,基本上没有自己成熟的想法,因为那时候的他们还不会独立思考,总是将父母的意愿当成自己的想法,没有自己的思维与判断。在这种情况下,家长一定要鼓励孩子勇敢地去怀疑、去思索、去解决。这一系列的过程在孩子的成长过程中有着极其重要的影响。

有关调查结果显示,孩子的成长氛围对孩子的成长有很大的影响。氛围平等、民主的家庭往往会培养出敢于提出质疑、思维活跃、解决问题比较彻底的孩子;反之,在环境专制的家庭中成长的孩子一般都不善于表达自己的想法和意见,并且他们更加容易听从家长的教导而改变自己的想法,这样一来,孩子独立思考问题的能力的发展就会受到父母的限制。

环境对孩子创造力的影响

3~6岁的孩子是在与环境相互作用的过程中认识世界、增长知识和发展能力的。德国学者戈特弗里德·海纳特曾经指出:激发孩子的创造力最重要的就是父母,而家庭中轻松、无拘无束活泼的气氛最有助于创造能力的发展。家庭气氛和谐,父母尊重并信任孩子,可以赋予孩子选择和判断的权利,并时刻营造鼓励孩子创新的环境,是尽早开发孩子潜能、培养孩子创造能力的保证。由此可见,家庭环境在孩子成长的过程中起着不可忽视的作用。

　　玛丽亚·艾佩特是一位物理学家,她是在居里夫人之后又一位获得诺贝尔奖的女科学家。她的父亲在医院担任儿科医学教授一职,他从小就把女儿玛丽亚当作男孩子一样养育。

　　为了培养女儿的探险精神,父亲一有时间就会带玛丽亚去亲近大自然。每一次面对五颜六色的大自然,玛丽亚头脑中总会有无数个疑问。在父亲的感染和教导下,玛丽亚开始一点一点尝试接触新鲜事物,在此过程中,她的观察和创造能力都得到了大幅度的提高。

　　家里有一个佣人上了岁数,在端东西的时候,手会不自觉地颤抖,有一次在给客人倒茶水的时候,她不小心把茶水洒在了托茶杯的盘子里。这时善于观察的玛丽亚发现了一个奇怪的现象:把茶水洒在了盘子里之后,茶杯和盘子两者就好像被什么东西粘在了一起,她非常疑惑为什么会这样。

　　于是,她开始探寻答案。她找来一个茶杯当作实验用具,接着故意洒一些水在托盘上,之后便开始微微地晃动杯子。这样的实验步骤一连重复了好多遍,玛丽亚终于得出了结论:如果茶杯和茶盘之间被洒上了水,那么茶杯就被固定住了。

　　发现了这个现象的玛丽亚显得异常兴奋,她迫不及待地把这个现象告诉了爸爸。

　　长大之后的玛丽亚还经常会想起爸爸在小时候对她的指导和教诲:"爸爸说他带领我走上了探索科学的道路,从而让我逐渐养成了善于观察、勇于思索的好习惯,这些都是我以后成功路上的垫脚石。"

　　有关调查显示,家庭环境对孩子的成长有着不可忽视的影响。如果父母尊重孩子,相信孩子的能力,允许孩子进行自主研究并且独立做决定,这些都会加快家长提高孩子的创造能力的速度。

　　与此同时,心理学研究结果表明,"心理安全"和"心理自由"都可以使人们思维更加活跃,也可以提高人们的思维能力。当孩子在动手创造某些东西的时候,一定要坚持自己最初的想法,不应该受外界的干扰而半途而废。只有这样,孩子的创造能力才会得到进一步发展。

　　英国著名教育学家夏洛特·梅森认为,如果单凭记忆,孩子只可以联想起那些经常使用的词语的意思,那些不常用的词语在孩子的眼里都像是外语。但是,如果你创造条件,让孩子近距离地去接触事物,那么他对事物的理解速度会比你快20倍,他们对真实事物的理解时间和铁屑冲向磁体的时间不相上下。同时,随着孩子对事物的理解逐渐深入,那么他们脑袋里的词汇量也会直线上升。

由此可见,父母如果想培养孩子的思维与创造力,就要为孩子制造一个五颜六色、多姿多彩的环境,可以让孩子在新奇的环境中找到新鲜和奇妙的感觉,这样他们就会好奇世界上的每一个事物,并且用充满好奇的眼光来看待身边接触到的东西,努力发现它们身上隐藏的知识。

帮孩子打破"定式思维"

打破定式思维,突发奇想,不落俗套,特立独行,这样的孩子往往有着不可限量的创造潜能,作为父母应该注意引导与激发孩子的创造性思维,鼓励孩子大胆想象,为孩子赢得一个美好的未来。

牧牧有一个好爸爸,他的爸爸对于培养儿子的独立思考与思维灵活性都非常注重。

牧牧小学二年级的时候,他们的数学课正在学习竖式运算。一般的家长都要求孩子从低位向高位依次运算,但是牧牧却别出心裁地从高位向低位运算。爸爸看到后告诉他正确的运算方法,但是他依旧按照自己的方法运算。爸爸妈妈问他原因的时候,他十分肯定地说:"左边算到右边是我自己想出来的窍门,答案也是正确的。"

爸爸听到他这样说,想到尽管自己的孩子在运算上违背了规律,但是这也说明了他思维的灵活性,而且也是创新精神的萌芽。于是牧牧的爸爸妈妈肯定了他这种"找窍门"的做法,但也循循善诱地告诉他要对自己身边的事物多多观察,对自己的想法要做充分验证。爸爸妈妈还陪他一起做竖式运算的题目,爸爸妈妈用顺向运算,而牧牧用逆向运算,比一比哪一种更快更好。最后爸爸妈妈分析了牧牧运算上的不足,这样,牧牧心服口服地"忍痛割爱"了。

由于自己对以前学到的知识和经验过于依赖,所以大脑的思维在创新的时候受到了阻碍,而这种过分的依赖会使得你只能用一种思路和角度去思考问题,最后形成一种习惯,时间一长,往往就变成了思维定势。所以,在思维创新的活动中,非常关键的一环就是将原来的思维定势全部打破,使你的大脑思维灵活起来。

如果牧牧的父母没有保护孩子独立思考和独立判断的习惯,那么牧牧可能就不再具备举一反三的能力,而他的思维也可能不再像现在这样灵活了。

我们在对待现实生活中的诸多问题时,不妨将设想稍作改变,或许你就会同解决问题的思路不期而遇,而这同样是培养创造力的一种手段。家长朋友们不妨一试!

告诉孩子遇到问题要多角度思考

在现实生活中,成人们无时无刻不在解决问题,而孩子们也同样如此,他们也时常遇到各种各样的问题。孩子多角度去思考问题,不仅可以在解决问题时找到不同的思路,并且也能避免使孩子过早形成思维定势,丧失难得的想象力。

有一个孩子叫炎炎,在小的时候就已经表现出了超人的思维创造能力。

在炎炎只有 2 岁的时候,他每次玩积木都能玩出新花样。而当他 5 岁的时候,他造的句子就可以和爸爸不同了。每当听懂爸爸的解题方法后,他都会努力地想另一种新方法来解决这个问题。就算有的时候他的结果可能和别人不同,但是不管是思路还是步骤都是最独特的。

在炎炎 7 岁的时候,有一次全家人一起去上海看姥姥,在收拾东西的时候,炎炎好奇地问爸爸:"爸爸,我们怎么去上海呢?"爸爸反问道:"炎炎觉得我们应该怎么去呢?"炎炎兴奋地说道:"从北京到上海可以坐飞机,乘火车,开汽车,骑马,骑自行车,走路,当然还有很多其他的方法呢!"爸爸听了满意地说道:"炎炎真的好聪明啊!"说完,全家人都笑了。

20 世纪中期,美国与苏联已经具备了将飞船运送上天的能力。虽然这两个国家在技术上得到了很大的提高,但同时也遇到了很多困难,最大的困难是推动火箭上升的力量不够,由于地心引力在后面紧紧拖着它,人们根本没有办法将人造卫星送入轨道。那么这个问题要怎么解决呢?当时很多学者都认为,唯一的办法就是将几个火箭串联在一起,以此来增加其推动力。于是两个国家在不断地增加火箭串联的数量,但是这个问题最后还是没能解决。

后来，一位年轻的苏联科学家找到了解决问题的方法。他放弃了增加串联数量的思路，从一个新的角度入手，将两国火箭进行串联，一个全新的火箭出现在众人面前，而且还将 20 个发动机进行串联。经过一番严密的计算和测量，火箭终于离开地球进入了轨道。

就这样，一个已经困扰千万学者很长时间的难题就因为一个新设想解决了，而苏联也因此在航天技术方面超越了美国。1957 年，苏联将人造卫星送上太空，这是人类第一次将卫星运送到宇宙轨道。

我们可以看出来，这位苏联年轻人有突破性创新的原因就在于他没有一直按照老方法尝试，为了获得新思路，他寻找方案的多种解决方法，最终取得了成功。

其实，多角度考虑问题也是一种发散思维。科学家哈定曾经说过："所有有创造性的思想其实都是幻想，而所有的幻想都是由发散思维建立起来的。"发散思维的本质就是将固有的知识圈突破，由一点向四面八方进行扩展，再沿着发散的不同方向和不同角度进行思考。这样通过知识的再组合，就能找到曾经没有的答案或者解决方法。

站在别人想不到的角度去思考往往能有创新，发挥自己的奇思妙想，思考的结果就会出人意料。

发散思维就像是孩子的巨大翅膀，只有多角度进行思考，孩子才能将他们所学到的知识更灵活地去运用，才能依靠这双翅膀在天空翱翔。

在日常的家庭生活中，家长应该怎么做才能帮助孩子增强这方面能力，使孩子在思考问题的时候多角度地分析呢？通过以下问题可以进行一定的引导。

刀可以做什么？

纸张除了用来写字以外，还可以做什么？

椅子除了可以用来坐，还有其他的用途吗？

请用"伤心"多角度地造句。

…… ……

其实，在社会和家庭生活中，任何一样事物都可以启发孩子多角度思考问题。平时的生活中孩子的发散思维被培养出来了，他们思考问题的方法自然而然就多了起来，而创造力也就可以提高了。

培养孩子思维的严密性

　　孩子思维的严密性是家长应该着重培养的。思维的发散性与集中性都是创造性思维的重要表现形式，一个良好的思维品质，应该可以突破常规，大胆发挥自己的想象，创造性地思考问题，与此同时，还要严谨严密，让自己的创造能力收放自如。若是孩子既可以多角度、多层次、多途径、多方位地放开思路，又能够去粗取精、去伪存真、分清主次、严谨求证，那么，孩子看东西、想问题会更准确、更严密，同时他的创造力也得到了真正发挥。

　　有这样一个有趣的故事。爸爸问了孩子这样一个问题：树上一共有十只鸟，猎人开枪将一只鸟打死了，那树上还有几只？

　　孩子："爸爸，那只枪是不是消声的？"

　　爸爸："不是。"

　　孩子："那么枪发射的声音有多大？"

　　爸爸："很大的声响，能够震得耳朵疼。"

　　孩子："可是这个城市规定了不能够打鸟。"

　　爸爸："我们可以假设一下。"

　　孩子："您确定那只被打中的鸟确实死了吗？"

　　爸爸："嗯，我确定。"

　　爸爸被他问得有些不耐烦："你直接告诉我树上还有几只鸟就可以了。"

　　孩子："树上有没有耳朵听不到声音的鸟？"

　　爸爸："没有。"

　　孩子："那会不会有刚刚破壳而出没学会飞的？"

　　爸爸："没有。"

　　孩子："打鸟人确定那棵树上就只有十只鸟吗？"

　　爸爸再也没有耐心了，但是孩子依旧追问道："会不会有不怕死的鸟？"

　　爸爸："没有。"

　　孩子："那会不会一枪打死两只鸟？"

　　爸爸："不会。"

孩子："如果您刚刚说的都是真的，而且被打死的那只鸟没有被挂在树上。那么树上就一只鸟也没有。"

上面这则故事中我们看到了这个孩子敢于怀疑的态度和他思维的严密性，这是孩子创造性思维的体现，正是因为这个孩子富有创造力与想象力，才具备了思维上的严密性。在日常生活中，家长应该有意识地去训练孩子，培养孩子这种严密的创造性思维。

多问孩子"奇怪"的问题

在很多世界顶级学府中，老师都给学生出过一些奇怪的问题。

"为什么人有脑袋而植物没有？"（剑桥大学兽医系）

"如果有人撞上灯柱，那么他会对这个社会产生什么样的影响？"（牛津大学法律系）

"奶酪是做月亮的原料吗？"（牛津大学兽医系）

"流浪歌手那么能唱，为什么还只能一边流浪一边唱歌？他们疯了？"（剑桥大学政治学经济学系）

"远古时期的人怎么明白2+2＝4的？"（牛津大学哲学系）

"在人类消失后，还会再次出现人类吗？"（剑桥大学神学院经济学院）

创新能力源于发现和思考问题的能力。只有善于发现新奇的问题，并且可以用独到的方法进行解决，才能创新。

明明的爸爸很爱自己的宝贝儿子。不管什么时候只要孩子提出的要求他都会尽量满足。如果明明要去游乐园，就算外面天寒地冻，他也会把儿子裹得暖暖的，然后带着他去游乐园。每当孩子遇到了问题，他都会用自己的经验来帮助孩子化解。

有一次，幼儿园的老师给小朋友们留了一个动手动脑作业。让小朋友们看一个漫画故事，然后再画一幅图将这个故事继续下去。

这幅画是这样的，一只大灰狼觊觎几只小猪很久了，它看到它们用草做了一个房子，于是下定决心要在此埋伏，等待几只小猪不备的时候破门而入将它们都吃到肚子里。因为上一次大灰狼被三只小猪整得很惨，于是这一次大灰狼十分小心地勘探地形。

故事到这里就结束了，老师让孩子们补一个自己想出来的结尾。

回到家,明明和爸爸说了这件事,爸爸很爽快地说:"编结尾?我来帮你。"于是爸爸给明明画了好几个故事结尾,却唯独没有问问明明自己的想法。

故事中,明明的爸爸一直按照自己的思维逻辑帮助明明解决问题,在解决的过程中并没有问到明明的想法,这样做对于明明创造力的培养是一个很大的缺失。

李卫革毕业于牛津大学,荣获文学博士的李卫革在小时候学习成绩就非常优秀,他的父亲从他很小时便注重培养他的思维方式,同时引导他去解决各种问题。

又有一次,卫革和他的爸爸在火车上的时候,爸爸就问卫革:"你看,为什么车窗外面的树总是往后跑呢?"

"因为火车在向前行驶。"孩子如实地答道。

"可是你看远处,远处的树木是往前跑还是往后跑的呢?"爸爸继续问道。可是这不看则已,一看就糊涂了,为什么远处的树是往前跑的呢?好像整个大地都在围绕一个轴在运动一样。于是卫革非常疑惑,问爸爸这是怎么回事。

爸爸却只是说:"回去自己找答案吧!"

有一次,爸爸教卫革骑自行车,爸爸问他:"如果想把一个大箱子从外面推进屋子里,这个摩擦力是好的还是坏的?"

卫革回答说:"当然是坏的。"

爸爸又问:"那自行车轮子跟地面的摩擦力是好是坏呢?"

卫革一时不知道如何回答。后来他回去查了资料,又仔细观察其他人骑自行车时候的样子,找到了答案。原来自行车的后轮与地面摩擦时,摩擦力是向后的,所以它的作用力则向前。这样一来,人们踩上脚蹬,自行车就向前行驶了。

李卫革的爸爸通过对孩子提问培养孩子的创造性思维,让孩子的创造力在思考问题的过程中得到提升,这真的是一个不错的选择。

一般来说,每一个孩子的思维发展都是从形象思维发展到抽象思维的。科学论证显示在孩子3岁以前,他们的思维主要以动作思维为主。比如小孩子会一边玩一边思考,当他动作停止的时候他们的思维活动也停止了。

3岁后的孩子就会逐步从运动思维向形象思维转变。他们可以利用头脑中的表象和具体事物用联想的方法进行思考,在摆脱具体行动的时候依旧可以利用曾经的所见所闻来思考问题。不过这个时候的孩子还要依托具体的形象来进行思维活动。

孩子到了5岁,他们的形象思维就开始占据了思考的主导地位,逻辑思维也初步出现和萌芽。这个时候的孩子可以通过具体事物渐渐去理解事物间的关系。他们也逐渐学会用语言来对一些事情进行评价。

由此可见,在孩子小的时候,家长可以有意无意地在孩子思考问题的时候对孩子进行启发,让其寻找新的问题,并且适当地引导帮助孩子寻找问题的答案。拓宽他们的思路,也可以利用这个时候培养他们的思维能力。孩子经常会在不经意中有一些发现,但如果不加以提醒,就会很快抛到脑后,所以,父母应经常提醒孩子和询问孩子,让孩子留心发现身边的事物,从而培养孩子观察和思考的能力。

教孩子学会"逆向思维"

逆向思维实际就是指反向思维。在孩子小的时候,他的思维可塑性非常强。如果早一点对他的反向思维进行培训,他在以后解决问题的时候就可以多一个角度,多一种方法。

有一天,美洲的大草原上来了一群游客,但是不知怎么了,大草原上着了火,风一吹,火越烧越旺,游客们看到烈火正朝他们扑面而来,都惊慌失措地大喊大叫。

幸运的是在游客中有一名老猎人。他看见火势凶猛就大声地对游客们说:"如果大家不想死,就听我的安排。"猎人将每个人身边的干草都拨开,这样就可以清理出一块空地来。于是大家也跟着动手忙了起来,不久,一块空地就被清理出来了。

远处的大火正一步一步地向这群游客逼近,人们感受到了烈火带来的灼热感。大火顺着风扑面而来,但是一转眼便越过了这块空地,他们身后的干枝树木燃烧了起来,一些胆小的人坐在空地上瑟瑟发抖。

但是老猎人依旧镇定自若。他让人杏空地的一边站着,而自己却站在靠近大火的这一边。当火即将靠近人群的时候,他便在自己脚下放了火。瞬间老猎人的面前升起了一道火墙,火墙朝着三个方向开始蔓延。但是让人们惊讶的是,老猎人点燃的火墙并没有朝人群扑来,而是朝着正在蔓延的大火扑去。两团火相撞,没有产生更强大的火,反而瞬间减弱并且渐渐熄灭了。

游客们全部脱险后问老猎人灭火的原理。老猎人告诉他们:"这一次的草原大火,尽管风从这边吹过来,但是在近火的地方,气流是朝火焰吹去的。只要我们抓住时机借助气流的作用燃烧另一团火,这样两团火就会相撞,火势就会瞬间减弱。"

其实老猎人以火灭火的方法就是一种逆向思维方法的运用。之所以被称为逆向思维,就是因为它并不会按照一般的思维方式思考,它的思维取向有独特之处,而这种方法往往能够得到意想不到的成功。

尽管人们在思考问题的时候都习惯按常规思考,但是在解决问题的时候,尤其是一些特殊的不容易解决的问题,你就可以利用逆向思维来解决它们。

在一次活动中,有一个学生在参观韶山与花明楼两位伟人的故居时,注意到两个细节:在韶山毛泽东故居的一间杂房里,墙壁上挂着蓑衣,房间里放着舂米用的石臼,还有汲水的翻车和耕地所用的犁;在花明楼他注意到刘少奇家中一个十分不起眼的窗户,上面钉着一块牌子:"刘少奇少年时沽酒的地方"。将这一连串的事物联系起来,他一反常规思维,想到建国之后毛、刘二人在探索社会主义经济建设上的种种分歧,由此追溯到两位伟人在少年时代不同经济环境下打下的心灵烙印。

针对这个观点,我们姑且不论其存在的必然性与科学性,但这一思维所具备的反常性,明显体现创造性思维的特征。

父母是孩子接触最多的人,也是孩子的第一任老师,在日常生活中父母应该多培养孩子反常规的创造性思维能力,并运用这种思维能力去思考问题、解决问题,这样你的孩子就可以发现越来越多的问题,并且可以从不同的角度找到解决问题的方法。

鼓励孩子标新立异

在日常的生活中,父母要开拓孩子的思维和眼界,把孩子独立思考的能力培养出来,就要鼓励孩子"一题多解",让他们学会标新立异。

丽丽是某所名牌大学的高材生,她课余的时候在一家实验室打工。实验室的老板只是一个小学毕业,没有上过大学的中年人。作为一名

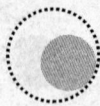

名牌大学的高材生,丽丽非常看不起她的老板。

有一次,这位老板让有一点自负的丽丽把一个不规则多边体的容积计算出来。丽丽把多边体拿了起来,细细观察了半天。这个物体的形状是非常不规则的,计算起来非常地复杂。丽丽只好把心静下来,在稿纸上面仔细地演算了起来,算了很长时间,还是没有算出答案。

正在忙于实验的老板等了很久也没有见到丽丽的演算结果。这位老板只好走过去看看,一看到丽丽的那个样子和她算的答案,老板就忍不住笑了起来,对她说:"你还是换一种方法来算吧!"

然后这位老板转身走进了屋子,从屋里面拿出来一大杯水,慢慢地把水倒进了刚刚丽丽用来计算的那个不规则多边体里,再把多边体里的水倒进量筒,用了几秒钟就把水的体积算了出来,水的体积也等于不规则多边体的容积啊!

这时,丽丽只能傻傻地站在一边,羞红了脸,她简直想找个地缝钻进去。

在学校丽丽虽然是一名高材生,但她已经形成了一种思维定势,在遇到问题的时候,不能够打开自己的思路,更不用说是创新了。敢于怀疑、敢于探寻真理、敢于标新立异,这才是创新。

我们现在的教育一直都以标准答案为准则,这样让学生们形成了思维定势,致使他们不敢再标新立异,那学生们还怎么创新呢?

标新立异的结果有时候会与标准答案截然不同,作为孩子的父母,千万不要因为这些去限制孩子的标新立异,不要只把标准答案看作唯一答案。要把孩子思维中最有创造性的闪光点捕捉到。假如孩子的解题方式非常巧妙,即使他最后的答案是错误的,家长也要鼓励孩子。

孩子的创造力是在父母的不断赞扬中被培养起来的。每个家长肯定都会发现孩子有一些不合"规矩"的行为,假如家长用要求成年人的标准去要求自己的孩子,不让孩子把那些不合"规矩"的行为表现出来;时时刻刻纠正孩子的语言和行为,那么,孩子的创造力就会逐渐地消失了。

让孩子提出"非标准化"答案

在我们现在的教育体系中,一直都是非常重视标准答案的,认为标准答案才是衡量一个人智力水平的最佳方式。特别是在现在的这种应试教育体制下,父母根本不会引导孩子自己去思考问题,这就限制了孩子的思维发展。父母应该多让孩子提出一些"非标准化"的答案。

在某市的一所幼儿园中曾经发生过这样的教学情景:老师在黑板上画出了小河、草地、大树,老师让小朋友们将刚刚剪好的鸭子、兔子、猴子的图片放到他们认为最合适的位置。有一个小朋友把兔子放到河里,把鸭子放到草地上,把猴子放在空中,引起了其他小朋友的哄笑。老师却没有简单地评判这一错误,而是让孩子说说这么做的原因。这位小朋友说:"兔子见到小鸭子在小河里游得很凉快,于是就跳了下去,鸭子见兔子不会游泳快要淹死了便慌乱地跑到岸上喊救命,猴子就从树上跳了下来。"

在这个问题中,大家一致认为鸭子应该放在河里,兔子应该在草地上,猴子应该在大树上,这个答案是一种标准化的结论;但是,小朋友的解说同样很有道理,这是一种思维的创新。家长不应该只为孩子提供一个标准的答案,或者是要求孩子只能回答标准答案,最重要的是要引导孩子自己去寻找答案,引导孩子把自己的思考能力和创新能力充分地发挥出来,让孩子学会多角度思考问题,寻找出更多有创意的答案。

往往当有的孩子回答出的答案不同于正确答案,一些家长就会说道:"你再好好想想,正确答案不是这样的。"或是,"你的这个答案在考试的时候是会给你零分的。"所以,孩子们学会了只是一味地把书本上面的标准答案记下来,从而失去了创新的能力。这些孩子在以后走上社会的时候,思维也会变得机械,只知道听别人的指令去做事情,而不会在遇到困难的时候想办法把问题解决掉,这就是人们口中的"高分低能"的孩子。

劳拉是美国一名著名儿童作家,她在自传中讲了这样一件事。

有一天,父亲给我和姐姐讲了这样的一个笑话。

父亲说:"有个人养了两只猫,一只大猫和一只小猫,这个人为了这两只猫凿了一个大洞和一个小洞,给大猫大洞,给小猫小洞……"

我的姐姐打断了父亲的话,姐姐说道:"那个大洞,小猫也可以进去啊!"

但是我却说:"因为这只大猫不让这只小猫走大洞,所以才要凿两个洞啊。"

父亲夸奖了我们,说我们都比养猫的那个人聪明。

很显然,劳拉的父亲是非常明智的,他知道他夸赞孩子有创意,这比他给孩子一个标准的答案有意义得多。正是劳拉父亲采取了这样明智的态度,让劳拉学会了对任何事情都进行多方面的思考,然后从中想出更加有创意的答案。劳拉文学创作的能力也因此不断得到提升。

由此可知,重视孩子创新思考能力的父母才是明智的父母,不管孩子回答的答案和标准答案是否一样,父母首先需要考虑的是孩子在思索过程中出现的那些火花,并对孩子的这种创造性思维予以肯定,让孩子体会到创新思考带来的乐趣。

思维游戏激发创造力

思维能力是一个人进行思考的能力,它是未来人才的必备素质之一,也是检验孩子的智力水平的一个重要依据。尤其是创造性思维能力,它是一种求新求异、设法打破条条框框而使问题得到解决的能力。

中国古代的时候,晋国有个国王叫晋文公,有一次吃烤肉,侍从把肉端上桌时,晋文公发现肉的外边缠绕着头发。晋文公大怒,于是唤来烤肉的厨子,问他是怎么回事。烤肉上面有头发,是对晋文公的大不敬,如果是厨子失职,他有可能被处死。

厨子了解到被唤来的原因后,看到晋文公怒容满面的样子,他心中已明白了几分。他说:那块烤肉上的头发不是他造成的,是有人陷害他。晋文公叫他说说理由。他说:第一,如果肉上缠着头发,锋利的刀切下去,就会被切断;现在这块肉被切成肉块后上面仍缠有头发而未被切断,所以切肉前肉上是不会缠着头发的。第二,即使肉被切成块后肉上真的缠有头发,在高温的烧烤下,头发也会被烤焦。现在发现烤肉上仍缠有头发,说明头发不是在烧烤前缠上去的。晋文公一听,觉得厨师说得很有道理,就放了厨师。晋文公马上派人调查这件事,果真是有人在陷害厨师。聪明的厨师用正确的推理救了自己。

由此可见,创造性思维能力是一种独特的思维方式,家长如果想通过训练孩子的思维能力来提高他的智力,可以参考一些资料,设计有趣的题目让孩子做。比如,可以通过和孩子进行回答,来区分这样一组概念,让孩子仔细听一听后做判断:一是所有的动物都会死去;二是狗是动物;三是所以狗会死去。让孩子判断这个说法对不对。在游戏的过程中让孩子发散思维,尽情想象,如此,便可以培养孩子的创造性思维能力。

第八章

培养孩子的自信心

自信是培养孩子创造力的先决条件

很多发明家的事迹都告诉我们一个道理,创新的成功固然有很多的因素,但自信是其中不可或缺的一个重要的条件。假如自信心失去了,那么你的创新也不会成功,自信心是创新成功的最基础条件。

晴晴是一个聪明的孩子,不仅聪明伶俐而且学习成绩优异,这让她不管做什么事情都自信满满。但是自从发生了一件事,晴晴像是变了一个人似的,再没有了以前的自信。

那是一次创意比赛,晴晴拿着自己辛苦做出来的玩具去参加,但是一向事事争第一、事事得第一的晴晴这一次却屈居亚军。更让晴晴难过的是,第一名的小朋友年龄居然还比自己小。事后,晴晴总觉得自己不如人家,于是越想越自卑。父母知道这件事情后,没有安慰她,反而训斥了她一顿,这让她更加认定自己的能力不如别人,从此变得平庸而普通。

从晴晴的事例我们可以看出来,自信心对孩子的成长起着非常重要的作用。孩子如果缺少了自信心,就缺少了上进的勇气,原本有着十分的热情,最后只剩下五六分,甚至还可能会更少。长时间下来,孩子创新的欲望就会慢慢失去,成为一个没有自信心的人,甚至还会自暴自弃,那就成了一件非常可怕的事情。

化学元素周期表的发现是化学界里一个很重要的成就。当化学元素周期津被门捷列夫发现的时候,有很多人反对他,那些人认为,那么多空白被留下就说明周期津是不合理的,甚至连他的老师都说他不务正业。但是门捷列夫并没有因为这些就放弃他的观点,他按照周期津非常科学地预言出了一些在当时还没被发现的元素及其性质。正是因为后来的实验结论和他当时的预言完全一致,科学界才承认周期津。

俄国的数学家罗巴切夫斯基在发表非欧几何理论以后,并没有得到人们的认可,而且还受到了很多人的攻击,甚至还有人说他是“疯子”“精神病”“怪物”。但他根本就不在乎这些,还是毫不动摇、充满信心地坚持自己的研究,最后他终于成功,成为非欧几何学的首位发明人。与之相反,波里埃是匈牙利的一名青年数学家,他在12岁时就开始研究非欧几何,而且还取得了一定的成就。但他的父亲却竭力反对,当时没有任何一个人鼓励他、支持他,他丧失了自信心,同时也动摇了自己的决心,最后放弃了对非欧几何的研究。

居里夫人为了把纯镭提取出来,为了向科学界证实镭是真实存在的,曾经每天都穿着沾满灰尘和污点的衣服在非常简陋的屋子里面,用和她一样高的铁条来搅动冶锅。她从一大堆的沥青矿废渣里找寻镭的影子。尽管条件和过程都极其艰苦,但她心里却充满了信心。她对朋友们说:"我们应该坚持下去,我们要对自己有信心,我们要相信我们的那些天赋就是用来做一件事情的,无论需要多大的代价,这件事情必须要成功。"她最终获得了成功,从此一举成名。

上面的几个案例足以说明,自信心对于一个人的重要性。孩子的创造力源于大脑中奇特的想法,很多孩子正是因为小的时候喜欢动脑,于是发明了一些看似奇奇怪怪的东西。这些可以将自己的奇思妙想制作成物品的孩子都是敢于尝试、相信自己一定行的孩子。如果你想培养孩子的创造力,就不要忘了,引导你的孩子做一个自信的人。

可以这么说,自信心是孩子的一种体验,同样也是孩子意志和精神的表现,注意培养孩子的自信心,这是父母特别需要关心和重视的一件事。

培养自信心·越早越好

我们都知道,培养孩子的创造力,最重要的就是让孩子勇敢地去想、去做。很多孩子始终不敢迈出这一步,究其原因,就是自信心不够。培养孩子的自信心并不是一朝一夕的事情,而是一个循序渐进的过程。实践证明,在孩子年纪小的时候,性格的可塑性最大,父母的一句鼓励有可能使他们的自信心大增。

倩倩在5岁的时候,妈妈就带着倩倩去学习小提琴。起初倩倩就像是拿到了一个心爱的洋娃娃,爱不释手,但是没学几天倩倩就不愿意学了。

原来,教她音乐的老师拉得一手好听的音乐,而自己拉出的声音却非常难听,好像锯木头。稍微一大声,邻居还会来敲她家的门。妈妈总在她拉错弦的时候捂着耳朵对她说:"你拉的是什么啊!弦拉错了,真是难听死了，重新来！"每当这时候倩倩都非常委屈，她对小提琴再也提不起兴趣，不久之后就不学了。

事情还没有结束，之后的几年不管是在学校还是在课外班，倩倩的成绩都只停留在中游。老师觉得倩倩是个聪明的孩子，但是每次做题的时候都犹豫不决，有时候会想出一些和其他孩子不同的解题方法，但当她得知自己的方法与别人的不同时，很快就会怀疑是不是自己的方法不对，然后就会立即改变自己的解题方式，努力地和别人的答案保持一致。当老师问倩倩这么做的原因时，倩倩总是支支吾吾地说："也许这道题不应该像我这样算，我这样大概是错的吧。"

由于家长的打击，导致孩子没有自信心，在以后的生活中总是自我怀疑，就算自己的做法是正确的，也不敢承认自己的"与众不同"，甚至直接否认自己。因为她习惯了被否认。

爱默生曾经说过："成功的第一秘诀就是自信。"很多人获得成功都是因为他们在人生路上拥有坚定的信心。所以，自信教育应该广泛应用在孩子们当中，尤其是创造力的培养。那么在现实生活中，家长怎么才能帮助孩子在很早的时候就培养自信心呢？

家长可以和孩子们玩续编故事的游戏，为孩子们设置一些较难的问题和一些故事情节。这样孩子们就会运用自己的知识和经验，开动脑筋去克服这些困难。

在现实生活里，很多人都会让成功变得困难和复杂，因为他们对失败产生恐惧，不敢尝试。其实只有你相信自己有这样的能力，你才能离成功更近一步。很多人都说："人生的成功是从自信开始的。"只有自己主导自己的人生，用自信抚慰心灵，才能将失败的恐惧感打败。成功之路同样也是自信之路。当你感受到了成功，你的自信也会随之增加，而这则预示着你下一次的成功。所以，请提早培养孩子的自信心，这样孩子才能从小的时候感受到成功，在成功中增强自信，而不是在一次又一次的失败后丧失信心，害怕尝试。

尊重孩子是培养自信的动力

任何一个人都有尊重和被尊重的需要，孩子虽小也不例外，因为他们同样是一个独立的个体，他们同样拥有自己的愿望、兴趣与爱好。自尊、被人尊重,是产生自信心的第一心理动力。

当孩子对某件事情产生了兴趣,有了自己的想法,虽然这种想法很可能与父母相悖,父母这时候不要急着否定,也不要强迫孩子走上为其规划的道路。如果父母一味地强迫,只能适得其反,不但没有提高孩子的创造能力,甚至会将他们天性中珍贵的东西埋没。所以,自信的培养需要尊重,创造能力的培养更需要尊重。

王志刚出生于一个音乐世家,家庭条件优越,爸爸妈妈都是有名的音乐家。所以王志刚从小就接受音乐的熏陶,而且他的父母也有意培养他这方面的能力,希望他将来也能够从事音乐创作工作。

但是不知道为什么,王志刚就是不喜欢音乐,虽然听到爸爸妈妈弹琴唱歌,也感觉非常优美,但自己就是不喜欢,反而迷恋上了建筑。每当看到那些或雄伟或柔美的建筑时,就感觉非常激动。

他毅然决然地告诉父母,自己不要再学习音乐,而要改学建筑。虽然父母对他的决定感到非常意外,也不是很满意,但还是点头同意了。

此后,王志刚像着了魔一样,无时无刻不在纸上描绘,只要一有新的想法,就赶紧将其描绘下来。日复一日,年复一年,王志刚的作品越来越成熟,再加上专业知识的训练,他终于成为一名著名的建筑设计师,拥有很多令人称赞的杰作。

很多人都曾问他,为什么出生在音乐之家的他能获得这样的成就。他非常自豪地告诉大家,因为他的父母懂得尊重自己的意愿,当初没有强迫自己学习音乐,也没有阻止自己追求梦想,而且在各个方面都给予支持,最终让自己有了这样的成就。

这是一个令人深思而又普遍的故事。很多家长为了给孩子一个更好的未来,总是为他们设计好一切,剥夺了孩子实现自己梦想的权利。殊不知,这样的做法,不但是对孩子的不尊重,而且还会扼杀孩子的积极性,减弱孩子原本的创造能力。

想培养孩子的创造力首先要做的就是培养孩子的自信心。一个没有自信的孩子,即使他大脑中有再好的想法,也会因为害怕失败或者担心自己做不好而不去付诸行动。培养孩子的自信心,最好也最简单的办法就是尊重孩子,让他们有机会把他们心中的想法说出来。

孩子渴望得到爸爸妈妈以及老师同学的尊重。对于孩子一点点的进步,父母与老师都应该及时给予肯定与鼓励,增强孩子的自信心,保护孩子的自尊心。作为父母,还要学会洞察孩子的内心世界,适当的时候采用商量、引导、激励的方式与孩子进行面对面的交流,时常站在孩子的角度思考问题,而不是将自己的意志强加给孩子。现在,孩子的学习、生活条件较先前有了很大的提高,但是他们的心理压力、学习负担却重了。一些家长考虑到孩子的学习成绩和未来的发展,强制性地给他们报各种各样的兴趣班和培训班,根本就没有顾及孩子自己的意愿或者兴趣,使得原本轻松愉快的双休日反而成为了孩子的"苦难日"。

尊重孩子,就不要对他们说出一些有辱人格、有伤自尊的语言,例如,"你简直是无药可救了""难道你是猪脑子吗?""你真是太没有出息了""早知你这德性,当初就不应该生你""你把我的脸都丢光了",等等,这些话都应该从父母的言语中消失。父母不能因为孩子小,就随意斥责或辱骂他,特别不要去嘲弄、讽刺孩子,更不能体罚孩子,因为这样会对孩子的自尊心造成严重的伤害,让他们失去自信。其实增强孩子自信心的方法有很多,下面的几种方法或许可以让身为父母的你有一点感触。

1. 父母要做孩子最亲密的朋友

父母应该为孩子买一些有益的书籍;与孩子一同玩耍,比如放风筝、打球等;当孩子对父母讲他那些生活中的小发现的时候,父母应该耐心倾听。千万不要小看这些,孩子自信的基石就是这样一步步奠定的。

2. 父母不要为孩子喝倒彩

每一次成功都可以让孩子肯定自己的能力。成功会养育出成功的自我形象认知,正面的自我形象认知是成功的保障。

作为父母,不要在语言上经常打击孩子,这样的说辞会造成孩子负面自我形象认知,会让他拒绝做出正面的回应。身为父母应该摒弃对孩子行为的刻板规范,将每一个孩子视为一个独立的个体,而非父母的附属物。

3. 平等地对待孩子

身为父母,应该让孩子感受到自己对他的重视而非保护,将孩子看作一个独立的整体,让他参与到家庭的决策中来。比如,"买哪一种灯好看?""需不需要买小自行车?""你认为今天应该由谁来洗碗呢?"等,允许并且鼓励孩子对于父母的质疑。在这样的家庭氛围中成长的孩子,会时刻感到自己的重要性,若是他的意见被接受、采纳、重视,那么他的自信也会增强。

各位家长们,请您铭记:培养一个具有创造力的孩子,尊重必不可少。

父母的鼓励就是最好的动力

没有哪个家长不希望自己的孩子拥有自信、乐观和积极向上的个性。孩子是否能够形成和发展自信心，与家庭的教育有直接的关系。"育人"并非只是学校的责任，家庭教育也很重要，父母要时常鼓励孩子，让孩子绽放出自信的花朵。培养自信不是一蹴而就的，要循序渐进，所以家长很有必要去帮助孩子制订一个长期的计划。如果你想让孩子拥有自信，那么首先你要相信孩子的能力，并且毫不吝啬地给予他们鼓励和赞美，比如常对孩子说"我相信你没问题的""我相信你一定做得到""你做得真是棒极了"，等等。这些对孩子培养自信心都很有作用。

6 岁的芳芳正在学习自己洗袜子。妈妈看到后惊呼："我的天，你这是干什么呢？这根本不是洗袜子，分明是玩水！"她一下子就把芳芳拉到一边，拧紧水龙头，一边关一边还说道："你知不知道现在水费涨到多少钱了！你这样洗袜子真是太浪费水了！"芳芳十分委屈，本来帮妈妈做家务想得到妈妈的赞许，结果现在却被骂了一顿。

"看看你洗的，费那么多水，袜子还跟以前一样脏，重新洗一遍！"芳芳听到妈妈的话，不情愿地将一大堆洗衣粉倒在了盆里，结果盆里满满的都是泡沫。妈妈着急地说："你怎么回事啊，放那么多洗衣粉，想洗干净都难了！"于是芳芳大哭起来，一边哭一边说道："我不洗了！"然后将袜子再次扔进了盆里。

第一次做家务的芳芳本是好心帮妈妈的忙，显示一下自己的能力，希望妈妈表扬她，没想到得到的却是妈妈的苛求和指责。这样的指责很容易使孩子丧失主动做家务的积极性。妈妈传递出的负面情绪会使孩子丧失信心。久而久之，孩子就不会再有做家务的积极性，而且会形成自卑的人格。

很显然，芳芳妈妈的做法是错误的，这种责骂的态度在很大程度上挫伤了芳芳的自信心，假如妈妈看到她洗袜子的时候没有批评和指责，反而对她主动做家务进行表扬，并且耐心教她怎么才能把袜子洗干净，那么孩子就会在这个学习过程中感受到家庭的归属感，她对家庭的责任心也会加强，以后她就更愿意为家庭出自己的一份力。

篮球巨星乔丹有一个好妈妈，他的妈妈非常善于鼓励和表扬自己的孩子。被称为"篮球飞人"的乔丹从小就喜欢篮球运动,他梦想着长高,可以和自己的偶像大卫·汤普森一样在篮球场上飞驰。小的时候,天真的小乔丹总是问妈妈一个问题:"妈妈,我什么时候才能长得更高?"每次小乔丹这样问妈妈,妈妈都会面带微笑地告诉他:"你一直在长高,并且会长得很高很高。我每天晚上都在为你祈祷,还在你的鞋子里撒了盐,这样你就可以长得更高了。"在妈妈的不断鼓励和支持下,小乔丹对篮球的憧憬也越来越多,梦想也越来越多。

1972 年,当乔丹看完慕尼黑奥运会的篮球比赛后,他跑到厨房非常激动地向妈妈宣布:"我也要在某一天参加奥运会,参加篮球比赛得金牌!"乔丹的母亲听到孩子这样说,并没有否定他,而是对他说:"我相信你,我的宝贝,你一定可以去参加奥运会,站上最高领奖台的,我们从现在开始就朝着这个目标努力好不好?"小乔丹听后使劲地点着头。

自此以后,在母亲每天的鼓励下,小乔丹为自己的梦想不懈努力。即使遇到挫折,他也不放弃,在心里用妈妈对他说的鼓励的话为自己加油打气,一直不断地坚持。

乔丹继续向着奥运冠军的梦想努力着,维持他走下去的就是那份妈妈给的自信。如今,乔丹早已实现了小时候的梦想,成为世界著名的篮球球员。在他的自传中,他说之所以可以取得这些骄人的成绩,除了自己的技术精湛外,还有一点尤为重要,那就是自信心。他的取胜秘诀就是:在面对挑战的时候,时时刻刻不气馁,永远积极应对。

适时、适度地采用"夸奖法"

对于孩子来说,用鼓励的方法进行教育,往往得到的效果是令人称奇的。孩子们给自己的评价大部分源于其他人对自己的评价。如果在孩子身边总有人经常鼓励他,那么他就会在面对困难的时候更有信心。反之,孩子就会缺乏自信心,觉得自己是一个无用的人。

滔滔是一个机灵又聪敏的孩子,总是能想到许多新奇的点子。

有一天,滔滔的爸爸妈妈都出门办事了,只有他一个人在家。透过窗户,滔滔看到鸟笼中爸爸养的鸟郁郁寡欢,没有一点精神。有爱心的滔滔决定仔细看看是不是鸟儿生病了。滔滔站在鸟笼旁仔细看着精神萎靡的鸟，想着也许换一个大一些的鸟笼，鸟就不会这样打不起精神来了。于是他便找来了一个大鸟笼，一心想着将鸟儿的病治好。原本以为会得到爸爸一番表扬的滔滔怎么也不会想到，他一打开鸟笼，鸟就拍打着翅膀飞了出去。

不一会儿爸爸回来，看到自己价值不菲的宝贝鸟竟然被自己的儿子放回了大自然，气不打一处来，将所有的火气都发在了滔滔身上。滔滔看着空空的鸟笼和爸爸生气的样子，哭了起来。他在心里想着：也许是自己太笨了，连爸爸喜欢的鸟都被自己放走了。

对于孩子，家长一定不能吝啬去夸奖和鼓励他们，这是最重要也是最基本的教育法则。因为家长的一句话可以带领一个孩子走向成功，也有可能因此毁掉一个孩子的未来。这绝对不是危言耸听。

其实夸奖孩子不是只有口头表扬这样一种方式，还有很多其他的方式可以表达你对孩子的认可和赞扬。比如，鼓励的眼神或者是深情的抚摸和微笑，这些都是家长传递给孩子肯定信息的方式。

鼓励孩子有一个大忌，那就是"大"和"空"，如果家长夸奖孩子只是以"好"和"棒"这样的话来表达，那么孩子根本就不能懂得自己哪里做得好、哪里做得棒，这样的夸奖只会让孩子精神"泛化"，孩子会渐渐地以为自己没有什么事情做得不好，也没有什么地方不棒。一些孩子就会由此产生骄傲自大的个性。

很多人都说如果将人生比作大树，那么自信就是它的树根。让孩子有自信心是很简单的，只需要父母在适当的时候做出适当的鼓励。当孩子面临挫折时，家长要理解孩子，说几句安慰的话；在孩子心情沮丧时，家长要说几句鼓励的话；在孩子存在疑惑时，家长要用温柔的语调提醒他几句；当孩子感到自卑时，家长一定要找到他的优势为他点燃希望。孩子自信的培养不能缺少父母的鼓励和支持。哪个家长不希望自己的孩子有信心呢？在中国，让每一位家长都将"你真行，你真棒"这样的话挂在嘴边是非常困难的，但是不管怎么样，一些伤害孩子自信的话还是少说为妙。只有孩子自信，他们才能走向成功。

让孩子尝试"成功"的喜悦

自信心和成功是不可分割的，它们的关系十分密切。只有拥有了自信，才能更容易成功,而当你成功之时,你的自信心就会自然而然地增强了。我们再熟悉不过的一句名言是"失败是成功之母",但是对于孩子而言,这句话更适合改为"成功是成功之母"。

有一个中学的女生叫西西,她在学习方面从来不喜欢抓紧时间,没有行之有效的学习方法,所以学习成绩一直不理想。爸爸发现西西的注意力总是不能集中,笔记不能认真完成,在课外活动方面也表现得不够积极。不仅这样,她的课后作业也写得非常潦草,就像是应付老师一样。西西的爸爸看在眼里记在心里,决定在休息的时候单独找西西谈谈话,针对她不认真学习的状况聊一聊。在谈心后,爸爸很自责,因为他发现,原来早在小学的时候,西西就开始厌恶学习,上了中学以后,因为课程难度加大,所以她更加对自己没信心,对待学业就只能应付了事。西西的爸爸后悔在西西上小学的时候没有将注意力放到女儿身上,没有注意到女儿对学习态度的转变。

针对西西此种情况,爸爸计划帮助西西重新树立学习的信心。爸爸告诉她"世上无难事,只怕有心人"的道理,还给她讲了一些名人大器晚成的例子,也给她列举了一些像她这么大的孩子,因为自信心被树立了,开始对学习充满兴趣,最后学习成绩突飞猛进的事例。爸爸还在这个基础上为她定制了一些有力措施。

第一,制订有效的学习计划,在学习的每一个阶段、每一个学期都要有明确的学习目标。第二,利用好自己的时间,调整学习方法,做好预习工作。通过问老师或者查阅工具书的方式将一些不能够理解、难记住的字词消化理解。并且在每节课下课之前还要对整堂课所学内容进行系统回顾,这样可以做到温故而知新。第三,课堂效率要保障好,在课堂上一定要注意听讲,将笔记做好,并且要和老师有一定的互动。多思考,多问问题。一定要当堂把不会的问题解决清楚。第四,对于老师布置的作业要认真完成,有什么不懂的一定要及时向老师或者学习好的同学请教。

从此,西西在爸爸的监督下自行对照学习计划执行。在上课的时候,爸爸也拜托老师尤其注意她的一举一动,只要发现她身上有什么好的特质,一定及时地进行鼓励和表扬。对于学习,西西的积极性高涨了,成绩也明显提升,爸爸看到后非常欣慰。

帮孩子赶走自卑

自卑是自信的天敌,为了帮助孩子树立自信,父母应该想方设法帮助孩子走出自卑的阴影,让孩子相信自己,有勇气、有信心克服困难,排除干扰。在现实生活中,很多孩子都存在自卑感,学习成绩差,时常犯错误,有生理缺陷的孩子更是如此。对于这种情况,父母应该多在孩子的身上发现优点,鼓励孩子发扬优点,改正缺点,扬长避短,不断奋发向上,对自己和未来充满信心。父母绝对不要对孩子采取轻视态度,不要讽刺、挖苦、打击孩子。

帮助孩子走出自卑的阴影有以下几种方法可以借鉴。

1. 扬长避短法

每个人都有自身的优点和长处,正所谓"尺有所短,寸有所长"。一个人若是用其所短,舍其所长,即便是天才也会丧失信心;相反,如果可以扬长避短,强化自身的长处,即使是身患残疾的人也会获得自信,享受到成功的快乐。所以,父母想要消除孩子的自卑心理,要善于观察他的长处与优势,并且为他提供发挥长处的机会与条件,这也是帮助孩子克服自卑心理的关键。

2. 故事启迪法

当孩子有自卑心理的时候,可以为孩子讲一些名人的小故事来启发孩子,让他们从正反两个方面看问题,而不是只看到自己的短处,认为自己处处不如别人,让孩子能够换个角度看自己。

林肯是美国历史上著名的总统,他的相貌十分丑陋,因此经常遭到政敌们的讥讽。有一天,他的一位政敌遇到他,开口骂道:"你长得简直太丑陋了,实在令人不堪入目。"林肯微笑着对他说:"先生,你应该感到无上荣幸,因为你将会因为怒骂一位伟大的人物被人们所认识。"

爱因斯坦是一位杰出的科学家,他小时候在课堂上做手工,老师要求每一位同学制作一只鸭子。全班同学将制作好的小鸭子纷纷交给了老师,并且得到了老师的夸奖。老师看过爱因斯坦做的鸭子之后高高举起,用嘲笑的语气对全班同学说:"有谁见到过比这更加丑陋的鸭子呢?"全班同学忍不住哄堂大笑。爱因斯坦站起来大声说:"有。"他从抽屉里面拿出了一个更加丑陋的小鸭子高高举起,"这便是我制作的第一只小鸭子。"

3. 改变形象法

通常,那些心理自卑的孩子,说话声音小,时常吞吞吐吐,走路的时候也不敢挺胸抬头。若是可以改变他说话的音量、走路的姿势,就可以改变他的心态。对有了自卑心理的孩子,要特别注意教育他改变自身的形象:讲话爽快,声音洪亮清晰,穿着简洁大方,走路昂首阔步。

4. 储蓄成功法

自信往往建立在成功之上,一个人成功的经验越丰富,就越有自信。科学研究表明,每一次成功后,人的大脑中就会存留一次记忆。当他想起往日成功模式的时候,可以重新获得成功的自信。身为父母,若是可以帮助孩子建立成功档案,将每一次的成功和进步记录下来,积少成多,每隔一段时间就拿出来陪孩子一起重温成功的心情,就可以逐渐消除孩子的自卑心理,让他生活在成功的体验之中,并且可以让他信心百倍地去克服困难。

5. 迎难而上法

有自卑心理的孩子通常看不到自己身上的闪光点,此时父母应该鼓励他参加一些自己擅长的竞争,让孩子迎难而上,例如,参加各种考试或者绘画比赛、演讲会、体育比赛、知识竞赛等,并且帮助孩子与对手一较高下,从而增强孩子的好胜心、必胜心,以此培养孩子的自信。

6. 目标分解法

对于那些心理自卑的孩子千万不要与他空谈理想,相反,要让他们适当地降低目标,将大的目标分解成为若干个小目标,做到一个学期、一个月,甚至一个星期都有目标可循。目标变得小而且具体更加容易实现,这样孩子就会经常拥有成就感,久而久之,自然会收到意想不到的效果。

7. 洗刷阴影法

生活在自卑的阴影下是不会滋生信心的,有自卑心理的孩子遇到挫折与失败的次数总是较正常的孩子多,及时洗刷失败的阴影是帮助孩子克服自卑、保持自信的重要手段。洗刷失败阴影的方式有很多,较为常见的有两种:一是彻底遗忘,帮助孩子有意将那些不愉快的、有阴影的事情统统忘记,或用成功的经验抵消失败的阴影;二是帮助孩子将失败当成是学习的机遇,认真分析失败的原因,从失败中学习和吸取教训,总结经验。

父母的保护造成孩子的过度依赖

现在,很多家庭都是只有一个孩子,孩子在家里就是"小王子"和"小公主",是全家人关注的对象,唯恐孩子有半点闪失。孩子本来就没有什么能力,做事情从来都是笨手笨脚的,动作还很慢,大人在旁边看着非常着急,往往就会帮助孩子,父母这样做很容易让孩子有依赖的心理。孩子需要一些空间去成长,去验证自己的能力,学会如何面对危机和那些突发的事件。那些孩子想自己做的事情,父母就不应该插手过多,否则,就把孩子自己发展的空间剥夺了,以后遇到任何事的第一反应就是求助于父母,从而失去了自主解决问题的意识。

苗苗是家里的独生女儿,从小就集万千宠爱于一身,什么事情都有爸爸妈妈帮助她做,导致苗苗已经好几岁了,还不会自己吃饭,自己穿衣服。

在苗苗出门前,她的妈妈会帮她把该带的东西准备好,还会亲自送苗苗去上学。在放学的时候,经常是苗苗还没有跨出学校大门口,她的爸爸就一把帮她把书包拿过去。父母忙,赶时间,很少给孩子机会锻炼自理能力。苗苗的妈妈总是说:"苗苗每天起床都是争分夺秒的,帮她穿衣服、洗漱、吃早饭,哪有时间让她自己去做这些事情啊? 还不如我帮她做了呢。"这样时间久了,苗苗就一点自理能力都没有了,她根本就没有一点机会自己做事情。

苗苗时常想:自己是不是哪里做得不好了? 为什么爸爸妈妈什么事情都不让我自己做,他们是觉得我非常麻烦吗? 苗苗会这样想,正是因为她的爸爸妈妈过度保护她,以至于她失去了对自己的信心。所以,什么事情都不敢自己去做了。

苗苗从来都不自己削铅笔,因为她知道妈妈会帮她削;苗苗从来都不会自己出去买吃的,因为她知道爸爸会给她送来吃的东西;衣服脏了从来都不自己主动洗,因为她知道妈妈会帮她的。就是这样,她应该做的事情她的爸爸妈妈都帮她做了,她长大以后就什么事情都不会做,什么事情都指望着她的父母。苗苗也就成为了一个自理能力极差的人。

苗苗父母的百般呵护,看似对孩子好,其实最后还是害了孩子。过度地保护孩子意味着家长怀疑孩子的能力,总不想让孩子自己去做事情。比如,不让孩子自己出家门,怕孩子遇上什么危险,会说"外面有可怕的东西""坏人会把你拐跑的"之类的话来吓唬孩子。其实,孩子在生活中难免会遇到很多困难,孩子们要学会的是去解决生活中遇到的困难,受了伤的地方是可以痊愈的,但是孩子被伤害到的勇气却是很难恢复的。父母应该松开对孩子的束缚,让孩子能够拥有更大的空间和机会去自己体验,增强他们对自己的自信。

对比让孩子失去自信

有些父母总是会拿自己的孩子和别人家孩子相比较,以别人家的孩子的表现来要求自己家的孩子,这样的做法无疑让孩子的身心受到伤害。为了让父母高兴,他们不得不向别的孩子看齐,以爸爸妈妈的标准要求自己,最终一点点消磨掉自己的特点,变得平凡而缺少自信。

小明和小亮是邻居,两人从小一起长大,一起玩耍。

一天,学校刚刚放假,小亮就到小明家里玩。这天小明的妈妈和小亮说起了考试的成绩,小亮非常骄傲地告诉小明的妈妈,他的每一科的成绩都在95分以上。妈妈对小亮说:"你真是一个好孩子,学习总是那么好,我怎么没有看到小明的成绩单啊,小明,你过来一下。"其实小明已经在楼梯上面听到了妈妈和小亮的对话,犹豫着不愿出来。

他听到妈妈叫自己,不情愿地走了下去。"小明,这次考试你考得好不好啊?成绩单你放哪里了?""在我屋子里面。"小明慢慢地回答妈妈。妈妈看他无精打采的样子,就生气了:"你是不是没有考好?把成绩单拿给我看看。"

于是小明就把成绩单拿出来给妈妈看,一科都没有达到90分。"小明,你真是太让我失望了。"妈妈忍不住大声地呵斥他,"你为什么总是考得这么差?小亮的成绩一直都很好,你就不能向他学一学,你学习的环境哪点比他差啊?你不爱学习,注意力总是不集中,听讲从来都不专心,你简直就是我们家的耻辱。你回房间仔细去想一想吧,然后再跟我谈。我不想看见你这个样子了。"

尽管妈妈已经不是第一次在小亮面前教训自己了,小明还是觉得非常下不来台,含着泪回到了房间里面。

　　小亮是一个很聪明、出色的孩子,不但学习非常好,而且在学校里面也非常受欢迎。和小亮一比,小明觉得自己就是一个丑小鸭,所以情绪总是不好。从小他就能够感觉到来自小亮的压力,他认为自己永远也不会比小亮好。而妈妈也总是在小亮的面前呵斥小明,这非常伤害小明的自尊心和自信心。逐渐地,小明的创造力也消失了。

　　以上的这个例子中,小明的妈妈犯了严重的错误。妈妈在还没有看到小明的成绩单的时候,就很肯定地说小明考试没考好,这说明妈妈对小明没有一点信心。妈妈的态度会让小明觉得委屈而放弃努力,并认为自己永远就是个失败的人。然后妈妈又和小明说:"你简直是太笨了。"这让小明更加认定自己就是一个一点价值都没有的孩子,在妈妈的眼里一点优点都没有,不被妈妈喜爱,从而开始怀疑自己的能力。

　　拿自己的孩子和别人家的孩子相比较,这不仅否定了孩子所做的全部努力,打击了孩子的自信,让他们隐藏起自己原有的特点和优点,也会最终失去创造能力。

　　父母不要总是拿自己孩子和别人的孩子比较,应该多拿孩子的过去和现在比较,时刻注意到孩子的进步,并且经常鼓励孩子。这会让孩子的信心倍增,更有勇气向着自己喜欢的方向前进,激发出自己所有的潜能,最终走向成功。

自信激发创造力

　　拿破仑·希尔说:"信心的力量是最惊人的,相信自己,那么一切困难都将不再是困难,因为自信心是一种积极的心理品质,是促使人向上奋进的内部动力,是一个人取得成功而必备的、重要的心理素质。"培养自信心是孩子的创造力得到发展的前提,父母必须帮助孩子树立长久的自信心,帮助孩子赶走自卑的阴影,在创造新事物的道路上充分展现自我、实现自我、不断进步。

　　日本的教育家铃木镇一首先发现了一个大家未曾注意的现象,即一个学习成绩很差的孩子也可以说一口地道的本国语言,而实际上,语言是最难学的。一个对世事一窍不通的幼儿却能说一口流利的本国语言,这是什么原因呢？应该说这主要归功于父母和亲人对幼儿采取了正确的教育态度和有效的教育方法。

这个态度就是对孩子学会语言充满信心，因为没有一位家长相信自己的孩子不能学会说话。于是，父母们满腔热情，不厌其烦地教导孩子，绝不会因为孩子一时讲不好而暴躁责骂。对于自己乳臭未干的孩子每说出的一个新词，父母都是那么欣喜和激动。正是这种充满爱心的欣赏和充满喜悦的鼓励，大大激发了孩子学说话的兴趣和信心。

正是因为父母不遗余力地赞美让孩子拥有了自信心，这种自信心让他远离了自卑，不断地探索新事物，多听、多看、多接触，积累了丰富的经验，在未来的道路上不断开阔创新。

其实，孩子的自信心并非与生俱来，是从一点一滴中培育出来的，对于某些孩子而言，其实自信就是家长在生活中潜移默化"宠"出来的。

姿姿在朋友的眼中，是一个特别有勇气、特别自信的女孩。每当有人问起"你为什么这么优秀"时，姿姿都要讲起小时候的故事——从小到大，父母都特别宠爱她，他们觉得自己的女儿是个很优秀的女孩。

姿姿嫌自己个子高，父母说正好可以做模特。

姿姿学习画画，却画得乱七八糟，父母满不在乎地笑笑说："可你的歌唱得特别棒啊，每个人都有长处。"姿姿对自己充满了信心，十几岁的她就像大人一样去野外采风，寻找创作灵感，写了好几首歌曲呢。

长大之后的姿姿想当记者，父母虽然知道媒体的工作不好做，而且单位也不好进，但从没有说过什么反对的话，还是一如既往地支持她。虽然姿姿也遇到很多困难，四处碰壁，但父母从来没有说过让她放弃的话，而是一直鼓励她。

姿姿已经在一家知名的媒体找到了满意的工作，她始终是个特别自信、特别阳光、性格开朗、有人缘的女孩。在工作方面更是努力，经常推陈出新，总是能很快地想到解决问题的好办法。这样的工作精神，得到了领导的赏识，再加上业绩突出，很快就成为了公司的骨干。

的确，当女孩缺乏自信，即使面对比她弱小的对手也会退缩不前，即使自己的玩具被抢走也不敢要回来……这样的女孩，实际上是把自己放在失败者的假想里，未出征先言败，又怎么会成功呢？

创造力并非与生俱来，它需要建立在自信的基础上，而自信又是一个成功者最重要的心理素质之一，家长对孩子应从小加以正确引导，使孩子逐渐树立起自信。

　　每个孩子都有自己独特的地方,孩子在自己喜欢的领域中活动是十分投入、十分自信的,所以家长要了解孩子的特点,善于发现他们的优点并经常给予表扬和肯定,这是孩子充满自信并不断进步的力量源泉。

第九章

坚强的意志产生非凡的创造

意志坚强才能创造成果

自古至今，一个又一个的事例都在告诉我们，坚强的意志力是推动创造力的原动力；是开发创造力的不可缺少的因素；是保证创意源源不断的内在力量。事实证明，任何新鲜东西都有探索的价值，在创造新鲜事物的过程中，大大小小的挫折和失败都是不可避免的。面对逆境，创造者更加需要坚强的意志力、迎难而上的勇气和百折不挠的坚持。

美国的爱迪生是举世闻名的发明大王，在他84年的人生中，他拥有属于自己的1 093项专利，这样简单估算一下，他平均每2个星期就有一项发明专利。殊不知，爱迪生的童年生活并不幸福，从小就经受生活的种种折磨，年仅8岁的他就开始自己耕地、种菜，然后把菜拿到街上去卖，换取一点点生活费。再长大一点，他成了卖报纸的小行家，开始在城市的街道上或者是火车上卖报纸。这些童年的经历虽然很艰苦，但却磨炼了他的意志力，使他拥有了坚强的意志，这种意志力在他以后的发明过程中起到了重大的作用。爱迪生一辈子都致力于发明创新，尤其是他一生从事发明创造的"敬业精神"，帮助他成功地完成了2 000多次试验，对人类、社会和国家都有很大贡献。他常常会夜以继日、废寝忘食地钻研各种有关科技的书籍，然后学以致用，开始一遍又一遍的试验。

爱迪生曾经说过，那些所谓的创造者和普通人最明显的区别，就是他们的意志力很坚强，无论面对创造中怎样的困难和逆境，他们最初的创造想法都不会发生任何的改变和动摇，他们一定会凭借坚强的意志力来克服困难，从而完成创造。

所以，如果一个人想要拥有超强的创造力，就要把自己的意志力变得更加坚强。那么，我们该如何在创造的过程中拥有坚强的意志力呢？一起来看看以下几点。

1. 明确自己的目标

明确、具体的目标，使人们的意志力大为增加，这主要由行动的效率和目标的吸引力产生。另外，目标的价值大小，对意志力也很有影响。有的目标价值不大，甚至没有价值，人们就不可能有太大的热情去做这件事。人们在做一件事情之前，一定要清楚它的价值。选择那些有价值，并且有长远价值的事情去做。

2. 坚定的信心

一个人对自己的事业充满信心,就会努力奋斗,不顾暂时遇到的困难、挫折和失败。他会积极地克服困难,战胜失败。这是信心在其中所起的作用,因此,要有意志力,一定要培养信心,若信心不足,遇到困难、挫折和失败,就很容易退缩。

3. 不怕失败

失败是成功之母。有的人遭到失败后,垂头丧气,一败涂地,再也没有了奋斗的勇气,而有的人虽遭失败,却不气馁,从失败中吸取教训,继续奋战。失败可以把人的意志力锻炼得更加坚强。

坚强的意志力从生活中培养

想要培养孩子的创造力,就要让孩子拥有坚强的意志力;想要让孩子成长为意志力坚强的人,就要从小培养他们养成做事有始有终的习惯。在孩子年幼的时候,父母就要要求他们做事有始有终,无论是做游戏、还是写作业,都不能半途而废,长此以往,会成为孩子做事的习惯。

王悦是一个5岁的小女孩,每天都要生活在妈妈的支配中。妈妈总是打断她的计划,她想看电视的时候,妈妈要求她去刷碗;她想写作业的时候,妈妈要求她去体育锻炼;她想玩耍的时候,妈妈要求她去学书法……随着时间的推移,王悦变成了一个没有耐力的孩子,妈妈如此的教育方式让她养成了做事半途而废的坏习惯,她在做任何事情的时候都没办法善始善终。有一天,她突发奇想想学习一门乐器,开始学习小提琴,但是学了没两天,她又想学架子鼓,可是三分钟热度一过,她又钟情于长笛、琵琶、吉他……最后,她什么乐器也没有坚持学成,总是半途而废的她到头来没能掌握任何一门乐器。

培养孩子的耐心对于增强他们的意志力和创造力起着非常重要的作用。可是,随着科技的发展和社会的进步,现在的生活中,人们努力追求快捷和方便,出现了例如速溶咖啡、速冻饺子、各种电器的遥控器等发明,无论想吃东西还是想使用什么电器,都可以使人们立即得到自己想要的东西,不用经历漫长的等待。从表层看,大家似乎都很喜欢并且享受这种快捷便利的生活,实则却无法锻炼孩子的耐心。家长要对此提高警惕,不应该让孩子在舒服的生活中丢掉了耐性。父母可以在平常的生活中有意用等待来培养孩子的耐心和意志力,比如,当父母买东西排长队的时候,就可以领着孩子一起排队,在等待中,孩子的耐性也会得到锻炼,拥有了坚强的意志力,孩子就会坚持自己的创造。

在孩子做游戏时,家长也应该注重对其耐性、意志力和创造力的培养。尽量和孩子一起玩一些需要耐性和创造性才可以完成的游戏,以此来使他们变得意志力坚强,拥有更强的创造力。在孩子玩游戏的过程中,要鼓励他善始善终,不要有头无尾,也不要在一个游戏没有做完之前陪孩子去玩另一个游戏。如果您家的孩子很有资质,家长还要注重他们的持久性和吃苦精神的培养,尤其是一些基本生活习惯的训练。有研究发现,大多数聪慧的孩子都比较没有耐心,而且不喜欢单调和乏味的事情,他们比较喜欢新鲜刺激的事情,缺少持久性和肯吃苦的精神。这十分不利于他们创造力的培养。多数父母只看到了孩子的长处,忽视了孩子缺乏耐心的短处,再加上对孩子的宠爱、包容和信任,就常常会对孩子降低要求。如此发展下去,原本聪慧的孩子就会成长为意志力不坚强的人,不仅没有耐性,缺乏吃苦精神,而且做事情还会半途而废、头重脚轻,创造能力就会逐渐下降。

让孩子学会有节制地玩耍

家长的严格要求虽然可以让孩子变得意志力坚强,增强他们的创造力,但孩子在平常的生活中的自我约束也很重要。如果想要让孩子拥有超强的创造力,就要从娃娃抓起,培养孩子的自制能力。

日常生活中,那些创造能力比较强的人有超乎常人的非智力因素。自控能力是非智力因素中的重要方面。自控能力是一种潜在的心理功能,可以帮助人们主动地进行自我调节,积极地安排自我,清除障碍,使主观和客观得到很好的协调,并且选取合适的方法,力求达到最好的效果。自控能力还有一种特殊的技能,可以使非智力因素的积极方面得以发展,约束人们克服种种没有毅力、缺乏耐性、自由散漫的坏习惯,理性地去行动。

自控能力是非智力因素的动力系统中的调节器,保证人们的行为不会"出轨",一定程度上起着承前启后的作用,使人们可以积极地在一个个目标上取得成功。

大多数创造力薄弱的孩子都有缺乏自控能力的表现,例如注意力不集中,做事半途而废,不能持之以恒,达不到自己的目标,等等。这些都是孩子没有经过训练,还不成熟的表现,是幼儿时期不可避免的缺点。

淘淘是一个很顽皮的小孩子,好像做什么事情都不能集中注意力,无论是做游戏、写作业还是学习技能,总是三分钟热度,然后就有始无终了。他会因为一道题不会做就停止写作业;他会因为一局游戏输了就把游戏丢到一边;他还会因为困难就不再学习洗衣服。父母对于他这种没有自制力的表现感到很头疼,但是却不知道该怎么训练淘淘。

训练孩子的自制能力,以下几个方面要引起父母的注意。

1. 了解孩子的个性特点

父母一定要对孩子的性格特点了如指掌,将孩子的需求放到首位,不能把自己摆在高高的位置,命令孩子。每个人都有独特的性格特点,无论是有血缘关系的兄弟姐妹还是父母,性格特点都是千差万别的。就算是同一个人,他的性格特点也会因为时间、空间、氛围、年龄的变化而不同。父母应从各个方面掌握孩子的性格特点,选择恰当的教育机会,使用正确的教育方法,从而达到自己预期的目标。此外,父母在教育孩子的同时,还要注意观察孩子性格特点的变化,因材施教,争取得到更好的成效。

2. 注意孩子的年龄特点

培养自控能力是个循序渐进的过程,是根据认识和实践的变化而变化的,它具有明显的年龄特点。父母不应用大人的标准对孩子进行要求,应该根据孩子不同的年龄层的不同认知程度和不同实践经历逐渐培养。对学龄前儿童的培养,一般是培养他们的行为习惯,让他们养成可以控制自己行为的习惯;对小学生的培养,一般是培养他们的思维习惯,而且教导他们把知识转化为潜在的信念和意志,养成用思想支配行动的习惯。

3. 使孩子由被动地接受教育转变成主动自我教育

家庭教育和学校教育,对于孩子来说,都是被动地接受。因为这都是外界赋予的,他们早晚要离开父母独自生活,走出学校自己独立。所以,聪明的家长懂得"授之以学习,不如授之以学习方法",使孩子由被动地接受教育转变成主动自我教育。自我教育是非智力因素培养中必需的自动化机制,如果一个孩子懂得自我教育,他们的学习过程就会有一个本质的变化。所以,父母要根据不同的年龄特点,引导孩子进行自我教育,它是培养孩子坚强意志力的重要内容之一。

鼓励孩子坦然面对失败

如果想要让孩子拥有很强的创造能力,就要让孩子有坚强的意志力和超强的信心,这样的话,就要从小培养孩子坦然面对挫折和失败的心态。因为大多数创造力强的人都有坚强的意志力,他们的意志力都是在失败和挫折中逐渐得到锻炼和成长的。在发明创造新事物的过程中,失败和挫折是不可避免的,因为将要面对的是以前从未了解和接触过的新鲜事物。如果尝试失败,不仅打乱了原本的规划,而且还打击了尝试者的信心,磨灭了尝试者的满腔热情,让他们感觉到沮丧、伤心、颓败,这对他们的心理承受能力是很大的考验。

摆在失败面前的是一个十字路口。有些人在失败之后,不是从自身找原因,而是埋怨客观环境,认为自己所处的环境不是最理想的;有些人在失败之后就放弃了最初的想法和坚持,认为自己那些想法都是不切实际的;有些人在失败之后则继续坚持和尝试,认为“只要功夫深,铁杵磨成针”。父母可以从以下几个方面入手,帮助孩子坦然面对失败。

1. 帮助孩子学会处理失败之后的坏情绪

有个孩子对足球运动特别感兴趣,在一次比赛中,裁判因为他故意冲撞对手而给了他一张黄牌,他很生气,就和裁判大声理论了起来。在后面的比赛他也没有很好地表现,踢得一塌糊涂,输掉了这场比赛。结束比赛之后,其他的队员都离开了,只有这个孩子迟迟不肯离开足球场,他的父母也没有任何的怨言,只是站在场外静静地等待,孩子则在场地内一次次用力地射门,之后孩子一言不发,和父母一起离开了比赛场地。

这对父母的做法很理性,并没有急于上前去安抚孩子,而是默默等待,因为他们知道孩子一定要学会自己调整情绪。其实孩子面对失败的时候,最大的障碍就是进行自我批评,然后变得胆小懦弱,因为这次失败的经历,他们认为自己其实没有那么优秀,变得不敢再进行尝试了。

当孩子遇到挫折的时候,父母不应该马上介入,而是应该给孩子留一个独立空间,让他们自己调整情绪,进行心理缓冲。其实有些坏情绪并不需要用什么方法处理,就会在不知不觉中逐渐消失。孩子可以逐渐接受不太喜欢的东西。在自我调节的过程中,孩子会变得坚强、自信,创造能力被逐渐激发出来。如果孩子真的无法从坏情绪中自我解救,那么父母可以适时地助他们一臂之力。

2.帮助孩子寻找失败的原因

孩子失败之后,帮助他们找到失败的原因是很重要的,因为如果一直找不到原因,就会给孩子的心理带来一种无形的压力,创造能力会被逐渐隐藏起来。失败的原因多种多样,可能是自己没有足够的能力和成熟的经验,可能是自己不够努力,还可能是客观条件不够成熟,等等。父母可以帮助孩子分析哪些失败是自身原因导致的,哪些失败是客观原因造成的;哪些失败是可以避免的,哪些是不可躲避的。父母分析的时候,可以多听取孩子的意见,帮助孩子共同分析各个方面存在的问题。

3.帮助孩子找到至少两种改进措施

分析完失败的种种原因,假如是自身原因,父母应该帮助孩子找到至少两种解决方法,然后付诸实践,并且验收效果。比如,孩子因为马虎做错了自己本来会做的题目,感到很沮丧,他们会这样说服自己:我这次没有得到高分,并不是因为我没有认真学习,而是因为我粗心大意。但是父母一定不能有孩子这种侥幸心理,因为马虎、不细心也是一个坏毛病,父母要帮助孩子改掉粗心大意的坏习惯,方法有很多种,例如临摹、做拼图游戏等。父母应该因材施教,根据自己孩子的性格特点帮助他们找到适合他们的改正方法。

认准一个目标并为之努力

黑格尔曾经说过:"如果一个人心怀远大的抱负,就一定要做到歌德说的那样,懂得约束自己。否则,目标太多,最终会一事无成,必须注意力集中于一件事情。"黑格尔正是秉承着这种想法,最终成为一个创造能力极强的人,也成了家喻户晓的哲学家。马克·吐温也说过:"人的信念是伟大的,只要你集中注意力于一件事情,一定会取得自己都惊讶的成果。"所以,马克·吐温一生都致力于文学创作,最终创造出了举世闻名的篇章。俗话说得好,"三百六十行,行行出状元"。只要孩子有兴趣,肯潜心研究,肯定会有收获。

父母在培养孩子习惯的时候，不能"三天打鱼，两天晒网"，更不能"东一榔头，西一棒槌"，让孩子找不到方向，无从下手。认准一个目标，一步一个脚印，逐渐地引导和培养孩子，孩子才会找到明确的方向，逐步创造出新的事物！

索罗斯常常说："一个人只有做喜欢的事情才可能赚钱。想要富有，就不能思考自己为什么这么做，只能明确目标，抱着赚钱的这一信念。"从他的话语中不难看出，只要明确目标就会成功。1992 年 9 月，索罗斯以独到的眼光看到英镑在未来会贬值，于是他集中精力主攻英镑，一点也不考虑这样做对英国政府经济的影响。赚钱之后，索罗斯说："假如当时我没有集中注意力，或者是只投资了区区几美元，我不但不会有 10 亿美元的利润进账，而且还有可能赔本。但是我认准了英镑会贬值，这就是专注于一个目标的优点。只要我明确目标，认为我可以从这个目标中赚取利润，我就会暂时把其他目标上的精力和资金全部转移到这个大目标上来，最终一定会取得成功。"

巴菲特和索罗斯同是顶级的投资大师，他也认同目标专一这一观点。他认准的可口可乐、吉利公司、华盛顿邮报都经营了二三十年，这些专一投资都为他换来了丰厚的利润。长时间把持着优秀企业的股票就是股神巴菲特的成功秘诀。他说过："我钟情于永远持有一张股票。"他投资时的持久力和毅力通过这句话表露无遗。

通过这两位顶级投资大师的经历，我们不难看出想要成功，就必须要集中注意力。

如果你想面面俱到，却不能集中注意力在一件事情上，最终会失败。生活在这个竞争激烈的社会，我们怎么能立于不败之地？又怎么才能适应这个社会？牛津人常常把这句话挂在嘴边：想要成功，就必须要专一！他们还建议家长要培养孩子做事专一的习惯，这样对他们创造能力的培养有益无害。

认准目标，积极进取，也许会遇到这样那样的挫折，同样也会遇到这样那样的流言蜚语。但丁有句话说得好："走自己的路，让别人说去吧。"坚定地走自己选定的路，相信自己每走一步，就是向成功的目标迈进一步。不要因为一些流言蜚语而迷惑了自己前进的方向，那样的话，终其一生，你也必将没有一个成功的发明创造。

做事三分钟热度不会收获成功

培养孩子超强的创造力,从他们的兴趣爱好着手是至关重要的。兴趣爱好在孩子的成长过程中,对于创造力的培养起着举足轻重的作用,但是由于他们的心智还不够成熟,什么都想要尝试一下,所以兴趣爱好常常发生变化,也就是所谓的"三分钟热度"。面对这种情况,家长要行使自己的职责,对孩子进行指导和帮助。

家长首先要做的就是了解孩子的兴趣所在,帮助孩子朝着他感兴趣的方向发展。兴趣受后天的成长环境和接受的教育类型所影响。或许是因为接触了太多的新鲜事物,所以孩子很难对一件事情集中注意力。家长要为孩子的兴趣创造良好的环境,给予科学的指导。值得引起家长注意的是:不要让孩子随大流,盲目地追逐社会潮流,而是要培养他们养成自己的兴趣。那么如何培养孩子正确的兴趣呢?

1. 不要过于频繁地表扬孩子

布鲁斯4岁的儿子很喜欢家长表扬他,基于孩子的这一特点,他采用了表扬法来教育孩子做事要坚持。例如,儿子玩过玩具之后就随手一扔,不喜欢收拾,布鲁斯就告诉他如果他可以自己收拾玩具,就会受到表扬。起初的时候,因为想要得到爸爸的表扬,他会开开心心地收拾玩具,但是布鲁斯的表扬过于频繁,使孩子失去了收拾玩具的热情。于是,布鲁斯开始减少表扬的频率,规定只有他主动收拾玩具或者收拾情况较好的时候才会表扬他,而且还会当着小朋友或叔叔阿姨的面夸奖他。这样一来,很大程度上激发了他的荣誉感,他收拾玩具的热情得以保持下来。久而久之,他养成了自己收拾玩具的好习惯。布鲁斯说:"偶尔增强表扬的力度,适时控制表扬的频率,可以让孩子保持做事情的热情,坚持良好的行为习惯。"

2. 让孩子有一定的责任心,培养他们坚强的意志力

虽然孩子的年纪还小,但是从娃娃起就培养他们的责任心是有必要的,会在今后的创造过程中助他们一臂之力。

静静是一个内向的小孩,刚开始的时候很不适应幼儿园的集体生活,经常逃避去幼儿园,天气不好的时候不想去,和小朋友关系不好的

时候不想去,借口说头疼不想去……每次父母都觉得她小,想顺着她,但又认为这样不利于她的成长,就对静静说:"每个人都有自己的工作,父母的工作是上班,你的工作就是去幼儿园,不能因为一点小事就半途而废。"在她快要过生日的时候,父母许诺如果静静可以每天去幼儿园,就会奖励她一张她最爱的贴画,如果她可以集齐10张贴画,就为她开个生日会,让她可以和小朋友们一起过今年的生日。以后的日子里,静静好像逐渐喜欢上了幼儿园的生活,而且还多次成为班中的值日生和升旗手。即使现在已经没有了贴画奖励,她也养成了坚持去幼儿园的习惯,风雨无阻。

3. 父母不要扰乱孩子正常的生活

强强的妈妈总是说孩子做事没有持久的热情,从来都没有自始至终地完成一件事情,可是事实并非如此。父母出于对他的关心,总是在他认真做事情的时候打断他,这在很大程度上导致了强强做事情总是半途而废。例如强强正在写作业,妈妈会关心地问:"渴不渴啊?",奶奶会说:"宝贝吃点水果吧",正在喝饮料的爸爸也会问强强是否需要饮料。他们总是这样你一言、我一语地在强强写作业的时候打断他,起初他只是抱怨:"你们事真多。"后来就变得不喜欢写作业了。此时,父母就会数落孩子做事有始无终。仔细想想,父母总是一味地责怪孩子,却始终没有看到自己的错误。每个人都需要连续的思维活动,如果经常被打断,那么当然不会静下心来专注于一件事情了,久而久之就会对这件事情失去兴趣。所以,家长一定不要在孩子做事情的时候打断他,给孩子一个可以连续思考的环境,这样一来,孩子一定会坚持有始有终地完成一件事情。

4. 在生活小事上指导孩子,并帮助他们养成良好的习惯

生活中处处都能发现教育孩子的好机会,可以通过生活中的小事培养孩子坚强的意志力。

鹏鹏的幼儿园最近在举办生活自理能力比赛,他开始主动学习自己的衣服自己穿,但是比赛一结束,他就原形毕露了,不但不肯自己穿衣服,而且早晨还不肯起床,导致父母天天早晨都手忙脚乱,不仅要叫他起床,而且还要给他穿衣服。家长商量后决定通过分阶段循序渐进法改掉鹏鹏赖床和自己不穿衣服的坏习惯。

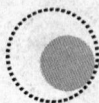

第一阶段,为了改掉他赖床的坏习惯,家长采取记分制度。如果家长一叫就可以起床,记 5 分,每多叫一次,分数就递减 1 分。用累积的分数可以换取玩具或玩游戏的时间。当第一阶段连续两周都表现良好后,就开始进行第二阶段,锻炼鹏鹏按时起床并且自己穿衣服的能力,如果符合要求,就可以多看一集动画片。第三阶段的时候,角色互换,鹏鹏成为家里的"值日生",有权监督和检查其他家庭成员有没有按时起床,这样鹏鹏的责任感就会逐渐培养起来。三个阶段下来,鹏鹏最终养成了按时起床、自己的衣服自己穿的好习惯。

5. 让孩子自己选择目标,然后持之以恒,善始善终

文文是个性格开朗的小孩子,她很羡慕别的小朋友都有特长,哭着嚷着也要学点才艺。这时,家里炸开了锅:奶奶说学电子琴,爷爷觉得学围棋好,爸爸建议学英语,妈妈认为她更适合画画,而年幼的文文也不知道自己喜欢什么,都想尝试一下。家长也不知道她的兴趣所在,干脆就全面撒网:双休日学习美术、英语、围棋,周一到周五的晚上学习电子琴。

起初,文文对这些活动都很感兴趣,但是好景不长,她马上就没办法应付这么多的课外活动了。经常是弹琴的时候想着没有完成的美术作业,画美术作业的时候想着怎么和爷爷切磋围棋。久而久之,不仅她太累了无法坚持,家长也被弄得手足无措。面对这种情况,一个年幼的孩子必然是没有办法继续坚持的,但是半途而废会给文文带来不好的影响,怎么办呢? 经过商量,家庭成员一致决定让文文学习她最感兴趣的,并且不允许她半途而废,一定要克服重重困难,善始善终。文文虽然年幼,但也知道电子琴是自己的兴趣所在。现在,文文专攻电子琴,家长也逐渐发现,文文做所有事情的时候意志力也有了加强。

强迫孩子只能适得其反

父母如果想要培养孩子的创造能力,就应该对孩子的成长规律和性格给予足够的尊重,这样才可以使孩子在快乐的氛围里成长,使他们拥有超强的创造能力。家长不应该一味地约束自己的孩子,对他们步步紧逼,拔苗助长,这样会限制孩子的创造能力。

牛津的有关专家经过大量的研究实验后发现,如果家长系统科学地对一个资质平平的孩子进行培养,那么,这个孩子会拥有超强的创造力。可是,现实生活总是不尽如人意,我们身边随处可见,那些创造力极强的孩子由于父母的不当教育最后成长为缺乏创造能力的人。

这些孩子的家长都有一个共性,那就是经常要求孩子,过分挑剔孩子的言行举止,不仅管得太多,而且还管得太严,没有给孩子留一点属于他们自己的空间,久而久之,孩子就会产生叛逆和埋怨的心理,与生俱来的创造能力就会逐渐消失。

迪迪今年15岁了,每天都生活在妈妈的唠叨声中,"你看你,我都叮嘱你多少次了,你还是先洗脸后刷牙,把我的话当成耳旁风了啊,一定要刷牙在先,洗脸在后!为什么总记不住?"迪迪走到客厅,妈妈瞟了他一眼,然后火冒三丈,对迪迪大声说道:"我昨天就跟你说过今天穿我给你新买的那套衣服,难道你没有看见我把它放在了你的床头吗?为什么不记得穿呢?"

久而久之,迪迪更加失去自由,就连属于自己的时间也不能任意分配了。妈妈不仅没收了他新买的羽毛球拍,而且还撕掉了他卧室里贴的那些明星画,贴上了"学习规划""十不准则"和写满"赶紧学习"的纸条。不仅如此,妈妈还剥夺了迪迪看电视放松的时间,他每天放学回家之后,除了吃饭,剩余的时间都要被迫在书房里学习到深夜才可以睡觉。

妈妈对迪迪的爱是无可厚非的,但是她在教育过程中过于专制,对迪迪的要求不仅严格而且苛刻,甚至抢夺了孩子的自由,长此以往,遭到孩子的抗议在情理之中。如果家长总是把自己的意志强加于孩子,那么孩子一定会产生逆反心理和家长抗衡。这样一来,别提激发孩子的创造力了,恐怕孩子都懒得思考了。牛津的有关专家给父母以下几条建议。

1. 对孩子的独立人格给予足够的尊重

父母与孩子应该建立的是真实的平等的朋友关系,而不是上级和下属的关系。父母一定不要认为孩子是自己的专属物品,总想把他带在自己身边。应该让他们从小就养成"自己的事情自己干"的好习惯,学会独立生活、学习,懂得自我要求。

2. 任何时候都信任自己的孩子

每个孩子都喜欢被人信任的感觉,假如父母给予孩子足够的信任,孩子也会说到做到。反之,孩子就会对家长不诚实,甚至和家长对着干。例如有些家长,为了避免孩子早恋或者是交往不良的朋友,就会限制孩子自由交友的空间,甚至还会通过各种渠道、各种方法来打探孩子的生活,查看孩子的短信,偷看孩子的日记和书信。殊不知,他们这些"关心孩子"的行为,不但达不到教导的初衷,而且还会让孩子有一种被监视的感觉,开始反感和父母沟通,有时候还会产生敌对的心理和行为。

3. 给孩子制造自由空间

孩子需要属于自己的空间,父母不应该过分管制和占有,更不应该监视,因为孩子有拥有隐私的权利。父母不必对孩子的事情都了如指掌,该管的可以插手,不该管的就应该让孩子自己去处理。万万不可在时间和空间的问题上和孩子讨价还价,把这些当作对孩子的施舍,那样,会伤害到孩子幼小的心灵。

父母要知道,并不是管得越严格、越苛刻,孩子就会发展得越好。正如种子需要自由自在地汲取水分和养分之后才会发芽、茁壮成长,如果拔苗助长,就算种子的基因很优秀,也不会吐露芬芳,天赋高的孩子也会成长为资质平平的人。因此,父母要给孩子营造自由的空间,让他们可以自由自在地成长,也许创造力也会在自由的环境中被激发出来。

第十章

培养孩子的创造性思维

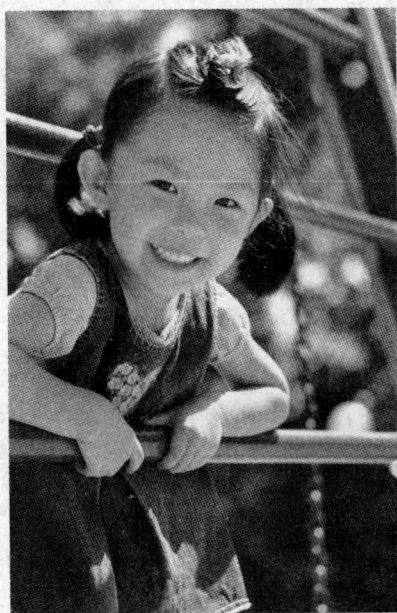

培养孩子的发散思维

有一个孩子学习切苹果，他将苹果切开后，突然大声叫了起来："爸爸！快来看，苹果里面居然有个五角星！"原来，孩子没有像大人那样把苹果纵向切开，而是横向拦腰切开，这样，苹果的横切面看上去就像一个清晰的五角星图案。

我们总是习惯于纵向切苹果，从来没有想过横向切开试试。这不免让人感叹，吃了这么多年的苹果，却没发现苹果里面也会有五角形的图案。但是，孩子的思维是发散的、多角度的，他们喜欢按照自己的想法做事，于是便换了一个角度切苹果，于是发现了藏在苹果里面的秘密，这就是发散思维的作用。

发散思维又被称为辐射思维法，它所指的是从一个目标或思维起点出发，沿着不同的方向，从各个角度进行设想，提出不同的看法，寻找各种途径解决具体问题的思维方法。发散思维的结果多样，具有新颖性、多端性、伸缩性和精细性的特点，而这些正是创造能力所要具备的特征。

一出版商为售出滞销的书，想尽办法托人给总统看。但总统工作很忙，无暇顾及，由于该书商再三提出请求，就随便说了句"此书甚好"。该出版商马上推出了自己的广告词："现出售总统评价很高的书。"结果，积压的书一售而空。

另一出版商见状，也开始效仿此法，总统被利用了一回，也学聪明了，随口说了句："此书很糟。"出版商想了想，便写出了自己的广告词："兹有总统批评甚烈的书出售。"结果，书卖得同样火爆。

又一出版商赶紧送了一套书给总统，总统知道说什么都会被利用，于是决定不加理睬。可是，没过多久第三个广告词也出炉了："现有连总统都难以评价的书出售。"最后，该出版商的书也是销路甚好。

从上面案例看来，书商们之所以能够让自己的书销售一空，他们的发散性思维功不可没，无论总统的反应是什么，他们都能从自己的目标出发，想出很多不同的宣传口号。

美国的学者吉尔福特曾经对人的发散思维和创造力之间的关系进行了研究，他指出："人的创造力与发散性思维密切相关，凡是有发散性加工或转化的地方,都表明发生了创造性的思维。"

由此可见,发散思维的培养是创造性思维训练的一个重要环节,具体来说,培养孩子的发散性思维应该围绕以下三种特点展开。

1. 流畅性

流畅性主要是指孩子能在短时间内对某件事表达出的不同观点和设想的连贯性。事实上,事物的表现形式只是用来展示事物性质的一种方式,而事物的实质完全可以用很多种形式来表现。例如,同样是饥饿,婴儿可以用哭来表现;能说话的孩子就会通过语言直接告诉父母,用此表示自己的饥饿;成人则可以在一定的时间内加以忍受。这就告诉我们,同样的一件事可以有不同的表现形式,所以无论做任何事情,都不要只拘泥于一种方式,而要寻找多种解决方案。

2. 灵活性

灵活性主要是指从多个方向、多个角度去思考问题的灵活程度。家长要想培养孩子这种灵活能力,就应该引导他们从不同的角度灵活思考问题。这对于创造潜能的激发非常关键。

3. 独创性

独创性主要是指对于一件事,孩子能够产生与众不同的新奇思想的能力。父母应该有意培养孩子大胆突破常规、敢于创新的创造精神。在我们平时的生活中,父母要经常有意识、有步骤地扩大孩子的思路,让他们能够从多角度思考一个问题,从而达到训练和培养孩子发散思维的目的。

培养孩子的逻辑推理能力

逻辑推理能力是培养孩子创造力必不可少的一项思维能力。因为每一个创造都不是一下就能实现的,而是要通过一步步地逐渐深入分析,最后才得出精确的答案。这个逐步深入的过程就是推理过程,分析的便是事物之间的相互联系,也就是逻辑。

孩子的思想很简单,他们还不懂得事物之间的相互联系,因此还不具备超强的逻辑推理能力。这就要求爸爸妈妈们时刻注意对孩子的逻辑推理能力的培养。往往很多父母过于急躁,在培养孩子的同时用错了方法,此时就会给孩子的认知造成一定的误解。

那么父母应该如何做才能锻炼孩子的逻辑推理能力呢？其实父母在日常生活中可以多引导孩子做一些推理类的题目，以此来培养孩子的逻辑推理能力。一般来说，逻辑推理能力训练的方法有以下几点。

1. 演绎推理训练

演绎推理主要训练的是前提与结论之间的推导过程，二者之间往往有必然的联系。该种推理方法的关键在于推理的前提要正确，形式结构也必须合乎逻辑规则。

2. 归纳推理训练

运用归纳推理的方法，让孩子从某一个现象或线索着手，寻找更多的疑问，然后再进行探索性的观察，找出所有问题产生的原因，最终发现解决问题的办法，还原事物的本来面目。逻辑推理能力能够有效地提高我们的分析能力、思维能力。

只要孩子具备这样严谨的逻辑思维能力，那么他在思考问题的同时就能使用抽丝剥茧的方法，逐步深入，最后得出让所有人都震惊的答案。这也是他们进行创造的一个过程。

培养孩子的形象思维

所谓的形象思维，主要指的就是我们在认识世界的过程中，看到了某个事物的表象和问题，同时寻找解决方法的一种思维方法。从探索新事物本质、规律等创造性活动的角度考虑，形象思维还具有整体性、跳跃性，往往比逻辑思维更适合进行探索和创新。

牛顿透过一次偶然的苹果落地事件，引发了无数思考，最终发现了万有引力定律。这就是一种形象思维能力，透过一种形象，联想到世间存在的各种形象和事物。只要具备了这种思维能力，那么你就会产生与之相关的疑惑，引导着你进行探索，而这些就是进行创新的前提，最终会像牛顿一样，创造出属于自己的成就。

虽然从思维的发展过程来看，形象思维是思维发展的初始阶段，但这并不代表形象思维属于低层次的思维方式。抽象思维只是随着大脑思维的发展而出现的一种新的形式，引导着我们的思维向更高的层次发展。就像牛顿这样的科学家,他之所以能够取得那么多成就,其研究灵感大多来源于他自己的形象思维。目前,形象思维的培养越来越被人重视,很多国家都开设了形象思考能力训练课程。

在美国的伊利诺伊大学,专为工科的学生开设了一门名为"形象思维"的课程。该课程的座右铭就是:"使熟悉的变为生疏的。"大学的相关负责人讲到,开设该课程的主要目的在于把学生的眼睛和大脑从原本固定的观念中解脱出来,要求学生能够从全新的角度观察周围的事物,使得原本互不相关的事物紧密联系起来,有时还会让学生勾画草图,调整修改,再不断运用自己的想象,直至出现新的构想。

伊利诺伊大学教授扎高斯基在上形象思维课时,曾问过这样一个问题:"如果有人要求你将100万这个数字用一种具体而形象的方式来表达,那么你将如何作答呢?"下课之后,有个学生将很多爆米花装入一个巨大的盒子中,送进了课堂。教授很惊奇,同时也感叹这个学生有着与众不同的想法,于是便将这个盒子吊在大厅,让大家注意观看,突然,他掀开盒子的底盖,"哗"的一声,爆米花倾泻而下!教授说道:"这就是100万这个数字的形象表示!"

这就是形象思维的独特作用,它会激励着你用一种全新的方式诠释一种抽象的思维,而这种方式的产生就是创造力的表现。培养孩子们的形象思维可以从下面几个方面来训练。

1. 积累感知材料

一位伟人说:"只有感觉的材料十分丰富和合乎实际,才能根据这样的材料得出正确的概念和理论来。"接触的事物多了就能形成概念,概念多了才能加深对事物的理解。家长可以引导孩子到社会上去开阔眼界,用眼、耳、舌、身体去体验事物,去观察、思考,提高孩子分析、综合、比较、抽象、概括的能力。

思维的载体是知识,知识是在学习过程中积累起来的,同样也是前人经过观察、思考得来的。孩子只靠实践、靠感知积累知识还是不够的,家长还必须引导孩子多学习别人的知识、经验,为思维活动积累充足的感知材料。

2. 活动能促使孩子的思维处于活跃状态

令孩子感兴趣的活动能够最大限度地调动孩子思维的积极性,对思维发展是很有利的。适合孩子的活动很多,如音乐、舞蹈、体育、科技小制作、书法、美术,等等。孩子参加这些活动既能学到课本以外的知识,又能活跃思维。

相传大卫王有很高的音乐天赋,他不仅写出了许多气势磅礴的诗句,而且还能谱写悦耳动听的乐曲。大卫王认为,音乐对于开发人的右脑是非常有作用的。在他执政的时候,他雇佣了大批音乐老师普及音乐教育,从小培养儿童的音乐天赋。音乐老师开展了许多音乐活动,以便使儿童们能够参与集体的活动,或通过自我娱乐来领悟美妙音乐的高雅情感,或通过聆听高尚的古典音乐来激发他们的情感,从而开发他们的右脑,使大脑的发展获得平衡并达到左右脑相互促进的功效。

3. 启发孩子讨论问题

讨论能够集思广益,互相启发,也会促进思维的发展。讨论的内容、争辩的内容也是思维的内容,讨论的结果、争辩的结果也是思维的结果。在家里,父母可以经常和孩子一起就某个问题展开讨论,进行争辩,让孩子思考最佳的方法,这都是锻炼孩子思维能力的好方法。

4. 让孩子多使用左侧身体

右脑主管身体左半侧的活动。如果孩子习惯于用右手,家长不妨让孩子经常做一些左半侧身体的体操,这样可以使孩子的右脑也得到比较充分的锻炼。

例如,用左手写字,用左手刷牙,用左手按遥控器,用左手打羽毛球等。甚至可以把平常需要两只手做的事情改用左手来做,这样,孩子就有机会运用左半侧大脑的神经系统,刺激主管直觉、艺术和创造的右脑,提高形象思考能力,激活创造性思考。

在科学史上,通过形象思维最终实现了创造性突破的例子不在少数,尤其是在科学发现与技术发明中更为突出。或许我们不需要孩子能够成为牛顿一样的大科学家,但是要想在这个充满竞争的世界中立足,那么形象思维必不可少。

培养孩子的联想思维

1493 年,哥伦布在美洲的海地岛发现,当地儿童喜欢把天然橡胶像捏泥丸似的捏成弹力球。哥伦布觉得这种玩具很有趣,就带了几个球回欧洲,并引种这种树木。但是,生橡胶的性能不太好,受热易变形,冷了又易发脆,功能因此受到了局限。之后,美国的一个发明家在橡胶里加入了硫黄,使得橡胶的熔点升高、牢固度又大大加强。后来,又有人在橡胶里加入炭黑,耐磨性能也增强了,橡胶的用途也日益增加。

马辛托斯是苏格兰一家用橡胶生产橡皮擦厂的工人,他总是梦想成为像法拉第那样的科学家。一天,他端起一大盆橡胶汁往模型里倒,不小心绊了一脚,橡胶汁洒在他的衣服上。下班后,他穿着这件衣服回家,正巧碰上下大雨。回家换衣服时,他惊奇地发现,被橡胶汁浇过的地方,竟没有渗入半点雨水。善于联想的马辛托斯立即想到,如果把衣服全部浇上橡胶汁,那不就变成一件防雨衣吗?于是,雨衣应运而生。

苏格兰有一位医生总在石子路上骑自行车,当时,自行车没有充气的车胎,颠簸得很厉害,这个医生就把浇水的橡胶管子圈在车轮上,充上气,这样骑车又快又稳。

此后,橡胶的用途越来越广,它被制成轮胎、鞋、绝缘材料以及各种各样的体育用品。从弹力球到雨衣、轮胎、鞋子、人工合成高分子材料,这种由此及彼,并同时发现了事物之间共同或类似的规律的思维就是联想思维方式。

这种思维方式建立在逐次渐进的想象基础上,能及时改进事物原有的功能,发现事物的新特点、新功能,促进新发明的产生。它是通过对两种以上事物之间存在的关联性与可比性,去扩展人脑中固有的思维,使其由旧见新,由已知推未知,从而获得更多的设想、预见和推测。所有的这些设想和推测都可能成为发明创造的源泉。因此,联想可谓是培养创造能力必不可少的一项能力。

增强孩子联想力的游戏有很多,词语联想是一个不错的方法。苏联两位心理学家哥洛可斯和斯塔林茨曾用实验证明,任何两个概念词语都可以经过四五个阶段建立起联想的关系。例如木头和皮球,就是两个"风马牛不相及"的概念,但可以借助联想这个媒介,使它们发生联系:木头—树林—田野—足球场—皮球。又如天空和茶:天空—土地—水—喝茶,这种联想是很普遍的。

有位伟人曾这样说过:"联想是创造的根源,不会联想的人永远造不出新的东西。"丰富的联想思维,常常能够诱发我们发明创造的灵感,成为我们叩开创新之门的一把金钥匙。

培养孩子的逆向思维

创造力最主要的特点就是用新颖独特的方式去思考问题。当很多成年人被问道:"你具有创造力吗?"回答往往是"没有"或"仅有一点",这样的回答难免让人遗憾。我们都知道,孩童时期几乎人人都具备创造潜能,但却因为成长过程中没有激发自己的潜能,才导致成人之后,创造力消失殆尽。

这就给我们提了一个醒,孩子在小的时候,一定要注意对其创造潜能的激发,不要让他再重走我们的老路。看看下面的例子,你就会知道,孩子的创造潜能虽然没有很明显的表现,但某些时候,他们独特的思维就是其创造能力的一种表象。

化学课上,老师掏出一枚金币,指着玻璃器皿中的溶液问学生:"刚才我给你们已经讲过这种溶液的性质,现在,我把这枚金币扔进去。你们想一想,金币会溶化吗?"

孩子们你看看我,我看看你,谁也答不上来。

忽然,坐在第一排的霍特站起来大声说:"肯定不会溶化!"

老师高兴地表扬了小霍特,赞许地说:"你回答得很好,今天的课,你一定听懂了。"

"我什么也没有听懂。"小霍特低下头说。

"那你怎么知道金币不会被溶化掉?"老师惊讶地问。

小霍特抬起头看着老师说:"要是能溶化金币,你怎么舍得把它放进去呢?"

案例中的小霍特就是运用逆向思维来考虑问题的。逆向思维法是相对于惯性思维而言的,它的思维取向总是与常人的思维取向不同,也就是从相反的方向来考虑问题的思维方法。逆向思维并不是主张人们在思考问题时违背常规、不受限制地胡思乱想,而是一种小概率思维模式,即在思维活动中关注小概率可能性的思维。逆向思维法有如下三大类型,家长在平时可多运用一些方法训练孩子的思维机能。

1. 反转型逆向思维法

反转型是逆向思维的重要特征,也是逆向思维的出发点。一般这种方法是从已知事物的相反方向进行思考,常常从事物的功能、结构、因果关系等三个方面进行反向思维。

例如，一则候车亭广告犯了大忌，但是，效果却出奇得好。其表现形式是整个画面没有图，全是字，密密麻麻的一堆汉字。

这是中国移动大众卡的系列户外广告："喂，儿子，妈妈快到家了。作业做完了吗？你看你，都快读高中了，还要妈妈操心，现在社会竞争多激烈。人家隔壁王阿姨家的儿子都出国了。唉，你啥时候也去外国留学吧，到时候也把我接过去看看人家国外是什么样子，你妈长这么大，还没出过国呢。儿子，你说我到那边有人懂中国话吗？要是不懂……刚才说到哪儿了？哦，出国……有神州行大众卡，说再多话也不怕。"

像这种用啰唆的家常话做主画面的广告还真少见。打破常规、逆向思维使这则广告成了创意中的一匹黑马。

2.转换型逆向思维法

转换型思维其实是从多种角度来思考问题。

例如，费曼的叔叔有一次想测测费曼的智力，就在纸上画了一条线，对费曼说："你把这条线变细一些，但是，你不能把它擦掉，也不能用任何东西。"

费曼思考了一会儿，就在叔叔画的那条细线旁边，画了一条稍微粗一些的线，这样，叔叔画的线就显得细了许多。这里，聪明的费曼就是用转换型逆向思维法来解决问题。由于他不能直接把叔叔画的线变得细一些，因而他想到了转换另一个手段，即用比较的方法，让叔叔画的那条线看上去细一些，进而解决了问题。

3.缺点逆向思维法

缺点逆向思维是利用事物的缺点，将缺点变为可利用的东西，化被动为主动，化不利为有利的思维方法。这种方法并不以克服事物的缺点为目的，相反，它化弊为利，以达到对问题的圆满解决。

比如，一家饭店，周围名店林立，这家饭店却打出"全市最差的厨师，全市最差的菜肴"的广告语，但迎来的食客如云。

应注意的是：当在常规思维创意上实在走不通时，不妨在慎思之后，偶尔选用这一手法，也许更能达到出奇制胜的效果。

逆向思维，往往让你得到一种全然不同的答案，而这种答案很可能就会成为创造的前提。逆向思维的培养，往往在孩子从小就实施效果较好，因为孩子涉世不深,思想比较单纯,脑中没有常规的定势,所以这时候是训练逆向思维,培养创造能力的最好时期。

培养孩子的比较思维

田熊常吉原是一位木材商,文化程度很低。后来,他在维修英国布克和维乐克斯公司生产的先进锅炉时,觉得它们的热效能不高,消耗的燃料多,于是,田熊常吉产生了革新锅炉的想法。锅炉体积庞大,结构复杂,革新它该从何处下手呢?

田熊常吉首先将锅炉体系简化成"锅系统"和"炉系统"。锅系统主要包括集水器、循环水管、汽包等,主要功能是尽可能多地吸热,保证冷热水循环;炉系统包括燃烧炉排风、鼓风机、烟道等,主要功能是给"锅系统"供热,减少热损失。

在自然界中哪些事物和锅炉具有相同或相似的特征呢?田熊常吉一直在想这个问题。突然有一天,他想到了人体具有燃烧供热和血液循环这两大要素,所不同的是:人体燃烧的是碳水化合物,不是煤;循环的是血液,不是水。人体不就是一个热效率极高的锅炉系统吗?应该将锅炉与人体加以类比,然后确定锅炉结构的具体改造方案。

于是,田熊常吉马上画出一个锅炉的结构模型,又画了一个人体的血液循环模型,将两者加以比较后,他发现,心脏相当于汽包,瓣膜相当于集水器,动脉相当于降水管,静脉相当于水管群,毛细血管与水包相似。

据此,他构思出新型锅炉的结构方案:在45度倾斜的水管群上设置汽包,下部安置水包,这样可以使加热水管群所产生的大量蒸汽进入汽包,以增加汽包的压力。随后,他又设计了一个烟囱状的集水器,利用气压差将水吸入,通过降水管再进入水包。经过一番改造,锅炉的热效率提高了10倍。革新后的锅炉被命名为田熊式锅炉。

田熊常吉正是通过对锅炉系统与人体供热和血液循环系统的异同做出比较,最终设计出了新型高效的锅炉。

苏联教育家乌申斯基认为:"比较是一切理解和思维的基础,我们正是通过比较来了解世界上的一切的。"由此可见,比较有助于提高思维的变通性,有助于提高对问题的思辨能力,也有助于提高综合能力。

家长在孩子的日常生活和学习中,应该注意在潜移默化中培养孩子的比较思维,比如在辅导孩子学习课文时,可以让孩子就某个名篇运用多种比较方式分析作者的写作意图,家人根据孩子提出的不同比较方式,分析它们的异同点。这样的学习方法有助于孩子打开思维的大门,点燃头脑中的火花,从而获得举一反三、触类旁通的思维效果。这正是创造能力最为需要的特点,所以家长们一定不能掉以轻心,注意培养孩子的比较思想,达到触类旁通的效果,为创造能力的培养打好基础。

培养孩子的收敛思维

在日本丰田汽车公司,曾经流行一种管理方法,叫作"追问到底法"。高层对公司近期发生的每一件事,都要对部下采取追问到底的态度,以便找出最终的原因。

比如,最近公司的一台机器突然不运转了,可沿着这条线索进行一系列的追问。

问:机器为什么不转了?

答:因为保险丝断了。

问:为什么保险丝会断?

答:因为超负荷而造成电流太大。

问:为什么会超负荷?

答:因为轴承不够润滑。

问:为什么轴承不够润滑?

答:因为油泵吸不上润滑油。

问:为什么油泵吸不上润滑油?

答:因为抽油泵产生了严重磨损。

问:为什么抽油泵产生了严重磨损?

答:因为油泵未装过滤器而使铁屑混入。

如果不进行这一番追问,只是简单地换上一根保险丝,机器照样会立即转动,但用不了多久,机器又会停下来,因为没有找到运转不动的根本原因。

上面实例中的追问说到底就是收敛思维在解决问题中的实际运用。

收敛思维,也称聚合思维,是与发散思维相对应的一种思维方式。收敛思维的过程,是在已有的众多信息中寻找最佳解决方法的思维过程。

要想准确发现最佳的方法或方案,必须综合考察各种思维成果,进行综合比较和分析。因此,综合性是收敛思维的重要特点。这种综合不是简单的排列组合,而是具有创新性的整合。

收敛思维强的人一般看问题比较深刻,善于推理分析,思维严谨周密。我们的孩子,也包括我们自己,自幼都被告知一个问题应该分成几部分来理解,这样能够使一个很复杂的问题得到简单处理,但是这样的方法,在无形中,让我们失去了对"整体"的把握。

这样的分步方法可谓是创造能力培养的大忌。因为创造能力是一个整体,你可以进行单方面的思考,但最终还要回归到整体的问题上。这就是收敛思维的一种能力,是创新的前提。

收敛思维的训练方法很多,常见的有抽象与概括、分析与综合、比较与类比、归纳与演绎、定性与定量等。在日常生活中,父母可针对孩子的特点,采用以下的方法来培养孩子的收敛思维能力。

1. 抽象与概括的训练

抽象与概括能力是思维的高级形式。把事物一般的、本质的特征抽出来的思维叫抽象;将一般的、本质的属性联结起来并推广到同类事物中去的思维叫概括。

培养孩子的抽象与概括能力可以从感性到理性,从具体到抽象一步步地进行训练。比如,当孩子看到人可分为大人、小孩,男人、女人,中国人、外国人时,家长可以帮助孩子从众多具体的人中抽象总结出人的共有属性:会说话、能思考、会劳动,从而让孩子概括人的本质特征。

在孩子学习数学时,可让孩子从众多的例题中抽出公式,找出规律;学习物理、化学时,可以让孩子从现象中抽出本质特征,这些都属于抽象与概括的训练内容。

2. 分析与综合的训练

所谓分析就是在头脑中把事物的整体分解成各个部分。比如,孩子学习课文时把一篇课文分成几个段落,各自加以分析。综合则是把事物的各个部分整合成一个整体加以考虑。比如,孩子学习文章时把各个段落综合起来归纳出中心思想。

家长要教孩子学会分析和综合,特别是要让孩子掌握事物的因果关系。

什么是主要原因,什么是次要原因,什么是一般原因,什么是个别原因,经常进行这种方式的思维训练,会大大有助于孩子思维能力的提高。

3. 比较与类比训练

比较和类比是抽象、概括的必要前提。家长可以鼓励孩子遇到问题时经常给自己提出这样的问题。

类似性提问——这像什么?

相关性提问——这和什么有关?

比较性提问——这和其他东西有什么不同?

孩子通过比较和类比,发现哪些是现存的结论,哪些是未被别人发现的,愈比较,愈能发现别人没有发现的东西,从而拓宽自己的思路。

俄国作家托尔斯泰说过:"知识,只有当它靠积极思维得来而不是凭记忆得来的时候,才是真正的知识。"家长有的放矢地加强对孩子的发散思维和收敛思维的训练,能促进他们创造性思维能力的形成和个性特长的发展。

培养孩子的组合思维

组合是一种很有意思的思维方式,这种思维往往是在固有的基础上,打乱现有的组合顺序,对其进行重新排序,得到与原来截然不同的效果。这就是一种创新。很多东西和事物都已在前人的努力下出现,我们要想得到更多新奇的感受,只能在原来的基础上进行重新组合,达到一种创新的目的。这也是我们培养孩子创新意识最重要的一种方法。

那么重新组合,对创新来说到底有什么样的意义呢? 看看下面这个例子,或许会给你带来更多的感受。

有一次,渔夫乔万尼带来一面盾牌,请达·芬奇在上面画一些吓人的图案,用来装饰房子。达·芬奇先把圆形的无花果盾牌放在火上烘直,然后再让人旋平、刨光,然后开始构思盾牌上的图案。普通的装饰上常常画些寓言式的图画或题几句铭文。而这次,达·芬奇决定把希腊神话中的女妖梅杜莎的头像作为盾牌上画面的构思素材。

传说中的梅杜莎是一个蛇发女妖,面貌凶丑,头发是一条条毒蛇,眼睛具有魔力,口中能喷火焰,让人见了就失魂落魄,化为僵石。女妖后来被希腊英雄佩尔修斯杀掉,并把她的头颅割下来献给了雅典女神,女神把梅杜莎的眼睛嵌入自己的盾牌,携带在身边,成为自己的护身武器。

达·芬奇认为这个传说符合自己制作盾牌画面的要求,于是,他花费了一个多月的时间,开始到野外收集各种形态各异的昆虫和动物。

达·芬奇把收集来的各种动物放养在一间无人居住的房间里,然后综合蛇、蜥蜴、蜘蛛、蜈蚣、螳螂、蝎子、蝙蝠、飞蛾、壁虎等许多丑陋的动物的特点,从中选出各种不同的身体部位,将它们拼凑起来再放大。他还研究了如何夸张地表现这些可怕特征的方法,营造出一种触动心灵的氛围。结果,达·芬奇成功了,他画出了一个从阴暗的岩缝里迸出来的似真似幻的可怕怪物。它口吐毒焰,两眼喷火,鼻孔生烟,周身烈火燃烧,形状十分恐怖。

画好之后,他请父亲皮埃罗来看画。父亲来的时候,达·芬奇把盾牌放在一个高一些的画架上,把房间里的窗帘拉上,只留下一道缝隙,恰好让光线集中照在盾牌的画面上。

皮埃罗进屋一看,只见一个怪物似乎正在大口地吐着臭气,眼睛喷着火,鼻孔生烟,那长着鳞片、黝黑而光滑的肚皮正在地面上擦过,向他爬了过来。他不由"啊"地大叫一声,直往后退。达·芬奇看到父亲的表情,兴奋地说:"这幅画已达到目的了,它应该产生这样的效果。"

达·芬奇认为,为了找出问题的本质,应该用不同的方法重新组合。达·芬奇觉得在第一次看某个问题时总是不全面的,在通常情况下,重新组合后的问题本身会以一种新的方式呈现出来。不怕与别人不一样或不合常理,重要的是将所有的看法、想法和想象以不同的方式重新组合!

我国科学家钱学森认为,作为一个科学家应该有广博的知识,集智慧之大成,并能触类旁通,大跨度地思维,从各个方面去把握事物整体关系的"形象",抓住了事物的机理,深入探索,找到创新与成功之路。

事实上,当今社会的许多科学发明都是重新组合的产物。有时候,重新组合旧的元素,往往能够进出新的火花。例如,照相机可以和手机的功能结合成为照相手机等。组合其实就是一种创造,也是一种思维。训练孩子的组合思维,可从下面几点入手。

1. 训练重新组合思维

国外一些电影艺术家曾经做过这样一个实验,他们拍摄了三个电影镜头。第一个镜头是一个人在笑;第二个镜头是手枪对准了他;第三个镜头是他露出了惊恐的表情。

他们对这三组镜头进行组合,让观众观看,同时记录下看每组镜头时观众的不同表情。事实证明,同样的三个镜头,只是变化了镜头的组合顺序,结果,观众的判断截然不同,这就是重新组合的魅力。

重新组合是指在不同层次上分解事物的组合要素,有目的地改变事物内部要素的次序,并按照新的方式、新的思想重新组合起来,以促使事物的功能发生改变。重新组合有三个特点:一是组合是在一个事物上进行的;二是在组合过程中,一般不增加新的要素;三是重组主要是改变事物各组成要素之间的相互关系。

2.训练同物组合思维

所谓同物组合是把两个或者两个以上相同或相似的事物组合在一起。许多事物本身往往有很多不足,这时,通过增加数量恰恰可以弥补不足。例如双色笔、多头插座、多屏电视机等。

3.训练异物组合思维

不同的事物组合在一起,往往能够产生组合性的功能。

异物组合有两个特点,一是组合是在两个或两个以上事物上进行的;二是在组合过程中,仅仅是把两个或两个以上事物的特性组合在一起。

目前,国外一些科技人员为了能提出独特的创意,他们常常采用一种随机组合的方法。他们找来一些商品的目录簿,翻开目录簿后,随机找出两种商品将它们组合在一起,看能否成为一种有价值的新产品。尽管这种随机组合存在很大的盲目性,但是,有时候,正是这种盲目性,却可以找到新的创意,帮助科技人员打开思路。

培养孩子的创造想象能力

心理学家伍棠棣对于想象力和创造力之间的关系,曾给出了这样的结论:每一项科学研究工作都要依靠事实。我们为了研究事实,必须要运用相关的指导思想和假设。没有指导思想的观察和实验都是盲目的。而为了寻找答案进行的观察和实验就是创造性的过程,所需要的指导思想和假设就是想象力所发挥的作用。

创造性想象是在没有语言描述和形象参照的情况下,在头脑里创造出新事物的形象。创造性想象是孩童创造才能的重要部分。例如,一位老师让孩子们用想、活泼、变成三个词分别造句,乐乐小朋友的回答是:

想——我想听花开的声音。

活泼——河里的水很活泼。

变成——冬天的雪融化后变成了春天。

乐乐的回答让老师感觉耳目一新。

遗憾的是,在现实生活中,孩子大胆的创造性想象常常得不到大人的理解。大人们一面惊叹孩子的想象比大人丰富、大胆,一面又有意无意地要孩子适应大人的条条框框,对孩子一些不合"规矩"的大胆想象加以纠正,殊不知这种做法不仅没有对孩子提供帮助,反而过早地扼杀了孩子们的创造性想象能力。

一个从国外回来的幼教专家曾讲过这样一个故事。一次,她在美国的一家幼儿园参观,看到一位小朋友正用蓝色的水笔画一个大大的圆东西,她就问孩子:"你在画什么?"孩子很自然地答道:"大苹果。"

孩子的老师听到了,过来看了孩子一眼,说:"画得好。"并拍拍孩子的肩膀走了。

专家有些纳闷,就问老师:"孩子用蓝色画苹果,你怎么不纠正?"

老师很诧异:"我为什么要纠正?也许以后他真的会培育出蓝色的苹果,至于现在的苹果是什么样子,他吃苹果时就会明白的。"

这位美国老师不干涉孩子大胆想象的做法是值得我们家长学习的,那么怎样在家庭中训练孩子创造性想象呢?

1. "头脑风暴法"训练

"头脑风暴法"是美国人奥斯本于1938年首创的。该方法用于培养孩子的创造性思维,其基本原则是,在集体解决问题的时候,暂缓评价,以便于孩子们踊跃发言,从而引出多种多样的解决方案。"头脑风暴法"要遵守以下几个规则。

(1)大人禁止提出批评性意见(暂缓评价)。

(2)多鼓励孩子提出各种改进意见或补充意见。

(3)鼓励各种想法,多多益善,既追求数量,也追求质量。

(4)提出标新立异、大胆设想甚至离题的想法。

头脑风暴法主要是通过多人集体讨论、相互启迪、激发灵感的方式，从而引起创造性思维的连锁反应，形成综合创新的思路。研究表明，通过"头脑风暴法"的训练，孩子们在创造性测验中所得的分数确实有很大的提高。

2. 无尾故事训练

父母可以给孩子讲一个没有结尾的故事，让孩子把结尾续上。例如，有一只小山羊，在森林里与那些像它一样弱小的动物们生活在一起。平时它们都集体外出，寻找食物时更是小心翼翼，就连吃草时也要随时东张西望，提心吊胆地警惕猛兽的侵袭。这个小山羊觉得自己活得太窝囊了，要是能像老虎、豹子那样该多好啊！

一次，当山羊走在一条小路上时，突然发现地上有一张虎皮，不知是哪个猎人丢下的。开始，山羊有些害怕，不敢上前去捡这张虎皮。经过几次犹豫以后，山羊最终壮了壮胆，拾起了虎皮。山羊觉得自己很幸运："要是穿上这虎皮，自己不也很威风吗？谁知道我是一只披着虎皮的山羊呢？"于是，山羊披上虎皮，大着胆子在森林里走来走去。

接下来的故事会是怎样的？赶紧让自己的孩子开动脑筋，尽情地发挥想象吧！

像这类的训练很适合父母或者老师运用到孩子的教育中，它的适用范围很广，无论是低年级还是高年级孩子，都能有效地开启孩子们潜在的想象力，培养孩子的构思和表达能力，同时对孩子的创造能力是一种极大的挑战，久而久之，孩子们就会养成一种爱动脑、发挥想象的好习惯。要知道，想象力是创造能力不可或缺的元素，是创造成功的前提。当然，父母在选择孩子的训练题目或者故事时，要注意选择那些比较有趣、适合孩子的题目，这样更能引起孩子的兴趣。

人类的创新能力和想象力之间有密切联系。但一般来说，在人的一生中，我们的想象力往往随着年龄的增长呈逐渐衰减的趋势，因此孩童时期就是培养想象力的最佳时期，为了将我们的孩子培养成创新型人才，一定不能忽视对孩子想象力的培养。